淮安市财政科技扶持方式及其绩效研究

陈彩虹　鲁庆尧　房静涛　著

科学技术文献出版社
SCIENTIFIC AND TECHNICAL DOCUMENTATION PRESS
·北京·

图书在版编目（CIP）数据

淮安市财政科技扶持方式及其绩效研究 / 陈彩虹，鲁庆尧，房静涛著. —北京：科学技术文献出版社，2020.11
ISBN 978-7-5189-7351-4

Ⅰ.①淮… Ⅱ.①陈… ②鲁… ③房… Ⅲ.①技术革新—财政政策—研究—淮安 Ⅳ.① F124.3　② F812.753.3

中国版本图书馆 CIP 数据核字（2020）第 223116 号

淮安市财政科技扶持方式及其绩效研究

策划编辑　郝迎聪　　责任编辑　张　红　　责任校对　王瑞瑞　　责任出版　张志平

出 版 者	科学技术文献出版社
地　　址	北京市复兴路15号　邮编 100038
编 务 部	（010）58882938，58882087（传真）
发 行 部	（010）58882868，58882870（传真）
邮 购 部	（010）58882873
官方网址	www.stdp.com.cn
发 行 者	科学技术文献出版社发行　全国各地新华书店经销
印 刷 者	北京九州迅驰传媒文化有限公司
版　　次	2020年11月第1版　2020年11月第1次印刷
开　　本	710×1000　1/16
字　　数	122千
印　　张	9.75
书　　号	ISBN 978-7-5189-7351-4
定　　价	42.00元

版权所有　违法必究

购买本社图书，凡字迹不清、缺页、倒页、脱页者，本社发行部负责调换

前　言

科技投入是科技创新的物质基础。财政科技投入一般通过科技拨款和财政性融资等手段促进科技创新，如以科技拨款的方式投入基础研究、关键和共性技术研究等纯公共产品领域，以财政贴息、担保、参股、补贴等手段发挥财政资金"四两拨千斤"的作用。财政科技专项资金作为财政科技投入的一种形式，在推动公益性和基础性科学技术研究与开发、帮助企业提高自主创新能力、引导社会资金流向科技创新领域等方面发挥着重要作用。但财政科技资金对科技创新进而创新驱动发展的作用，与科技资金的投入规模和结构、各城市自身的资源禀赋、政府政策及创新创业生态等有密切关系。

地处江苏省北部的淮安市，是江苏经济相对落后的地区之一：2019年人均地区生产总值 78 542 元，居江苏 13 个地级市的倒数第 3 位；居民人均可支配收入 30 192 元，居倒数第 4 位。两者均低于全省平均水平（江苏省 2019 年人均地区生产总值和居民人均可支配收入分别为 123 607 元和 41 400 元）。

创新是引领发展的第一动力。为推动经济发展，提高人民生活水平，淮安市近年来出台多项政策措施促进科技创新，并于 2017 年发布《关于淮安市聚力产业科技创新建设国家创新型城市若干政策措施》（简称"市聚力创新 20 条"），致力于将淮安打造成国家创新型城市。淮安市财政局亦从 2013 年起设立财政科技专项资金扶持科技创新，截至 2018 年年底已累计投入 2.94 亿元。但这些财政科技专项资金的使用效果如何、有无达到预期目标，在使用过程中存在什么问题、如何解决等，尚有待深入研究。为此，笔者从淮安市财政科技专项资金的投入规模和结构入手，结合问卷调查和专家访谈结果，分别运用数据包络分析法和综合评分法对淮安市财政科技专项资金的绩效进行评价，找到制约其提高的主要因素，并提出具体的改进建议。

本书的研究成果不仅可供淮安市科技局和财政局等相关政府部门参考，还可为与淮安面临同样问题的城市及其政府部门提供借鉴。因为提高财政科技资金使用效率、最大化财政科技资金的使用价值是各市的共识，以有限的财政科技资金引导出最大的科技创新产出也是各市所追求的共同目标之一，所以，财政科技资金绩效的评价方法及其影响因素和解决对策必然成为各市所共同关注的焦点。

需要说明的是，本书是淮安市2018年科技计划项目（软科学研究类）"淮安市财政科技扶持方式及其绩效研究"（编号：HAR201803）的研究成果之一，出版亦受到该项目经费的资助。本书的完成首先要感谢淮安市科技局和财政局的工作人员，他们为本书提供了丰富的研究资料，并积极协助问卷调查和企业访谈的开展，对研究成果也提出了许多宝贵意见；其次要感谢苏州、青岛等市科技局和财政局的工作人员，他们为本书提供了必要的数据资料；再次要感谢参与调研的科研人员，他们的回答让笔者对淮安市财政科技资金的使用情况和企业科技创新的需求有了更深入的了解；最后要感谢淮阴师范学院提供的研究平台，以及科学技术文献出版社的编辑人员对本书出版的大力支持。

当然，由于笔者的理论水平和实践经验有限，书中难免存在不妥之处，恳请各位读者批评指正。

陈彩虹

2020年7月

目 录

1 研究背景 ·· 001

2 基础理论 ·· 003

  2.1 相关概念界定 ·· 003

      2.1.1 科技投入 ·· 003

      2.1.2 政府科技投入 ··· 003

      2.1.3 科技资金 ·· 004

      2.1.4 财政科技资金 ··· 004

  2.2 财政科技投入对科技创新的作用机制 ······························· 005

      2.2.1 财政科技投入对科技创新活动整体的作用 ················ 005

      2.2.2 财政科技投入对科技创新活动各阶段的作用 ············ 007

3 淮安市财政科技资金投入现状 ·· 009

  3.1 财政科技资金投入规模 ··· 009

  3.2 财政科技资金投入结构 ··· 010

  3.3 财政科技资金投入方式 ··· 011

      3.3.1 科技计划项目资金的资助方式 ································ 012

      3.3.2 创新绩效奖补资金的资助方式 ································ 014

3.3.3 科技金融引导资金的资助方式 ……………………………… 016

4 淮安市财政科技资金使用效果 ……………………………… 019

4.1 科技创新产出不断增加 ……………………………………… 019
4.2 科技创新成果不断丰富 ……………………………………… 020
4.3 科技创新实力明显增强 ……………………………………… 022
4.4 资金运用主体满意度较高 …………………………………… 023
  4.4.1 科研人员 ……………………………………………… 023
  4.4.2 企业 …………………………………………………… 026

5 淮安市财政科技资金绩效评价 ……………………………… 028

5.1 财政科技资金绩效评价的内涵 ……………………………… 028
5.2 财政科技资金绩效评价的方法 ……………………………… 028
  5.2.1 数据包络分析法 ……………………………………… 029
  5.2.2 综合评分法 …………………………………………… 030
5.3 淮安市财政科技资金绩效评价结果 ………………………… 032
  5.3.1 数据包络分析结果 …………………………………… 032
  5.3.2 综合评分结果 ………………………………………… 035
5.4 小结 …………………………………………………………… 039

6 影响淮安市财政科技资金绩效的主要因素 ………………… 040

6.1 外在原因 ……………………………………………………… 041
  6.1.1 考核指标设置欠科学 ………………………………… 041
  6.1.2 科技创新服务待改进 ………………………………… 042
  6.1.3 资金资助方式需完善 ………………………………… 042

6.1.4 资金资助方法不灵活 ………………………………………… 045
6.2 内在原因 ………………………………………………………………… 045
　　6.2.1 对资金使用方了解不够深入 …………………………………… 045
　　6.2.2 对创新驱动发展理解不到位 …………………………………… 046
6.3 小结 ……………………………………………………………………… 047

7 典型城市经验借鉴 …………………………………………………… 048

7.1 深圳 ……………………………………………………………………… 048
　　7.1.1 深圳科技创新概况 ……………………………………………… 049
　　7.1.2 深圳财政科技资金特色 ………………………………………… 049
　　7.1.3 深圳财政科技资金运用及管理特点 …………………………… 051
　　7.1.4 深圳财政科技资金使用效果 …………………………………… 055
　　7.1.5 深圳经验总结 …………………………………………………… 055
7.2 青岛 ……………………………………………………………………… 059
　　7.2.1 青岛科技创新概况 ……………………………………………… 059
　　7.2.2 青岛财政科技资金特色 ………………………………………… 060
　　7.2.3 青岛财政科技资金运用及管理特点 …………………………… 061
　　7.2.4 青岛财政科技资金使用效果 …………………………………… 065
　　7.2.5 青岛经验总结 …………………………………………………… 065
7.3 南京 ……………………………………………………………………… 068
　　7.3.1 南京科技创新概况 ……………………………………………… 068
　　7.3.2 南京财政科技资金特色 ………………………………………… 069
　　7.3.3 南京财政科技资金运用及管理特点 …………………………… 069
　　7.3.4 南京财政科技资金使用效果 …………………………………… 072
　　7.3.5 南京经验总结 …………………………………………………… 073

7.4 苏州 ······ 074
7.4.1 苏州科技创新概况 ······ 075
7.4.2 苏州财政科技资金特色 ······ 075
7.4.3 苏州财政科技资金运用及管理特点 ······ 077
7.4.4 苏州财政科技资金使用效果 ······ 080
7.4.5 苏州经验总结 ······ 080
7.5 启示 ······ 083

8 提高淮安市财政科技资金绩效的对策与建议 ······ 085
8.1 基本策略 ······ 085
8.1.1 明确淮安创新驱动发展模式，科学规划财政科技资金用途 ······ 085
8.1.2 把握创新驱动发展规律，合理设置财政科技资金考核指标 ······ 087
8.1.3 了解淮安不同产业不同企业的创新需求，灵活设置财政科技扶持方式 ······ 089
8.1.4 完善科技服务体系，为创新主体提供优质高效的科技服务 ······ 091
8.2 具体措施 ······ 094
8.2.1 增加财政科技资金投入规模，为淮安科技创新提供资金保障 ······ 094
8.2.2 调整财政科技资金投入结构，充分发挥其扶持功能和引导功能 ······ 095
8.2.3 改革财政科技资金资助方式，提高财政科技资金使用效率 ······ 096
8.2.4 改进财政科技资金资助方法，提高财政科技资金的科学性 ······ 099
8.2.5 建立健全财政科技资金绩效评价制度，提高绩效评价的专业性 ······ 101
8.2.6 完善财政科技资金管理办法，提高财政科技资金的灵活性 ······ 102

9 结 语 ······ 103

参考文献 ······ 104

附录 A ··· 106

附表 1　2018 年城市科技创新发展指数排名 ·································· 106
附表 2　深圳市科技计划项目类别及资助方式 ·································· 107
附表 3　南京市科技计划项目类别及资助方式 ·································· 110
附表 4　南京市科技奖补资金类别及资助方式 ·································· 112
附表 5　淮安市财政科技资金绩效评价指标体系（科技局）··············· 113
附表 6　淮安市科技计划项目资金绩效评价指标体系 ······················· 114
附表 7　淮安市自然科学研究计划和重点研发计划绩效评价指标体系 ··· 115
附表 8　淮安市科技成果转化计划绩效评价指标体系 ······················· 116
附表 9　淮安市创新与服务能力建设计划绩效评价指标体系 ············· 117
附表 10　淮安市创新绩效奖补资金绩效评价指标体系 ····················· 118
附表 11　淮安市科技金融引导资金绩效评价指标体系 ····················· 119

附录 B ··· 120

附录 C ··· 128

图表目录

图 4.1　淮安市财政科技专项设立前后科技创新产出的变化 ············· 020
图 4.2　淮安市 2006—2018 年高新技术产业产值变动情况 ············· 021
图 4.3　淮安市财政科技专项设立前后科技创新成果的变化 ············· 022
图 7.1　深圳市政府科技金融服务主要模式 ····························· 056
图 7.2　青岛科技大数据平台的"政策超市"界面 ························ 066
图 8.1　技术生命周期 ··· 088
图 8.2　淮安市科技服务平台部分模块 ································· 094

表 3.1　淮安市历年财政科技投入规模 ································· 009
表 3.2　淮安市及其他城市财政科技投入增长率及占研发投入的比重 ··· 010
表 3.3　淮安市 2017—2019 年财政科技资金（预算）结构 ············· 011
表 4.1　淮安市 2006—2018 年科技创新产出 ··························· 019
表 4.2　淮安市 2006—2018 年科技创新成果 ··························· 020
表 4.3　淮安市科研人员对财政科技资金资助方式的满意度调查结果 ··· 024
表 4.4　淮安市科研人员对财政科技资金资助方法的满意度调查结果 ··· 024
表 4.5　淮安市科研人员获得财政科技资助后创新绩效的变化 ·········· 025
表 4.6　淮安市企业获得财政科技资助的方式 ··························· 027
表 5.1　淮安市财政科技资金绩效评价指标体系及评分标准 ············· 030
表 5.2　径向 DEA 模型运行结果（淮安部分） ························· 033

表 5.3	网络 DEA 模型运行结果（淮安部分）……………………… 033
表 5.4	投入导向的 Malmquist 模型运行结果（淮安部分）………… 034
表 5.5	产出导向的 Malmquist 模型运行结果（淮安部分）………… 035
表 5.6	淮安市 2018 年财政科技资金项目产出成本计算过程……… 036
表 5.7	淮安市 2018 年财政科技资金项目绩效评价结果…………… 037
表 5.8	服务对象对淮安市财政科技专项资金的不满意之处………… 038
表 6.1	被调查对象认为影响财政科技资金绩效的因素……………… 041
表 6.2	淮安市年营业收入 1 亿元以上企业财政科技资助情况……… 043
表 7.1	深圳市科技研发资金支持范围及方式………………………… 050
表 7.2	深圳科技投入…………………………………………………… 052
表 7.3	深圳市科创委部门财政拨款支出（预）决算表……………… 053
表 7.4	深圳市财政科技资金使用效果………………………………… 055
表 7.5	青岛科技投入…………………………………………………… 061
表 7.6	青岛市科技局部门财政拨款支出（预）决算表……………… 062
表 7.7	青岛财政科技专项资金………………………………………… 063
表 7.8	青岛市财政科技资金使用效果………………………………… 065
表 7.9	南京科技投入…………………………………………………… 069
表 7.10	南京市科技创新专项资金预算（部分）……………………… 070
表 7.11	南京市科委部门财政拨款支出（预）决算表………………… 071
表 7.12	南京市财政科技资金使用效果………………………………… 072
表 7.13	苏州市科技计划项目类别及资助方式………………………… 076
表 7.14	苏州科技投入…………………………………………………… 077
表 7.15	苏州市科技局部门财政拨款支出（预）决算表……………… 078

表 7.16 苏州市科技创新专项资金分配表（预算）…………………079

表 7.17 苏州市财政科技资金使用效果………………………………080

表 8.1 创新驱动发展模式………………………………………………086

表 8.2 科技服务要素"供需"的交错互动……………………………093

表 8.3 处于创新驱动转换阶段的3市财政科技投入规模……………095

1　研究背景

创新是引领发展的第一动力，是建设现代化经济体系的战略支撑，更是淮安经济转型的必然要求。为建设创新型城市，近年来淮安市按照上级决策部署并结合实际情况，相继出台《淮安市科技型企业小额贷款保证保险业务实施办法》（2013年7月）、《淮安市科技创新券实施管理办法（暂行）》（2013年9月）、《关于加快国家创新型试点城市建设若干政策》（2013年10月）、《淮安市科技成果转化风险补偿专项资金管理暂行办法》（2014年2月）、《淮安市市级科技计划专项资金管理暂行办法》（2014年）、《淮安市"苏科贷"工作操作规范》（2016年）、《关于淮安市聚力产业科技创新建设国家创新型城市若干政策措施》（2017年4月）、《淮安市科技贷款贴息资金使用管理办法（试行）》（2017年）、《淮安市科技贷款贴息操作办法》（2017年）、《淮安市战略性新兴产业发展专项资金管理暂行办法（2017年修订）》（2017年6月）、《淮安市天使投资引导基金管理暂行办法》（2017年9月）、《淮安市高新技术企业培育资金管理办法（试行）》（2017年11月）、《淮安市专利资助资金管理办法》（2017年11月）、《淮安市市级财政科技计划项目管理办法》（2017年）、《淮安市科技服务机构备案和绩效管理办法（试行）》（2018年3月）、《淮安市深化科技体制改革工作方案》（2018年5月）、《淮安市科技创新券实施细则（修订）》（2018年9月）、《关于深化科技体制机制改革推动高质量发展的实施意见》（2018年12月）、《淮安市大型科研仪器设施共享服务管理和经费使用办法（试行）》（2018年12月）、《淮安市市级科技计划专项资金管理办法》

（2019年5月）和《淮安市市级科技计划项目财务审计工作指引（试行）》（2019年6月）等一系列政策文件，为科技创新提供政策支持。淮安市科技局和财政局每年安排5000万元左右的财政科技资金预算用于资助科技型企业和科研机构进行科技创新、资助公共技术服务机构提高科技服务质量。

然而，淮安市科技创新成效与其他城市相比还存在一定差距。《中国城市科技创新发展报告2018》显示，淮安市科技创新发展指数在全国289个样本城市中排名第182位，在江苏排名第12位；《中国城市创新竞争力发展报告（2018）》显示，淮安市综合创新竞争力在全国274个样本城市中排名第111位，在江苏排名第12位，其创新产出竞争力更是居全国第198位、江苏末位。

本书通过对创新驱动发展规律、淮安市科技创新需求、现有财政科技资金扶持方式，以及其他地区科技资金扶持方式的研究，分析淮安市现有财政科技资金扶持方式存在的主要问题，为提高淮安财政科技资金扶持绩效提出改革建议。

2 基础理论

2.1 相关概念界定

2.1.1 科技投入

科技投入是指支持开展科技活动的投入,包括从事科学技术活动的人、财、物的投入。国际上通常把科技活动分为研究与发展(R&D)、科技教育与培训(STET)及科技服务(STS)。我国历来把科技活动分为基础研究、应用研究、试验发展、成果转化与应用、推广示范与科技服务,其中前3项统称为R&D活动。成果转化与应用活动包括设计与试制、小批试制、工业性试验等;科技服务活动包括标准、统计、咨询、文献等。广义的科技投入是涵盖以上所有活动的投入;狭义的科技投入仅指研究与发展活动的投入。由于R&D活动是科技活动中最具创造性和创新性的部分,对科学技术由知识形态的生产力向现实的生产力转化起到了至关重要的作用,因此,国际上通常用R&D投入作为科技投入的核心来进行比较研究。科技投入的主体包括政府部门、企业部门、高校、科研院所及其他部门,以企业部门为主。

2.1.2 政府科技投入

政府科技投入是指政府部门为支持科技活动而进行的投入。政府科技投入分为直接投入和间接投入。政府直接投入是指国家财政或财政性资金的投入,如项目投入、基地建设、补贴、人才培养等,最终表现为资金投入;政府间接投入也称引导性投入,是指政府通过财政政策、税收政策和金融政策等对科技活动进行间接支持,目的在于引导其他各类主体的科技投入。

2.1.3 科技资金

科技资金是指用于科学研究与试验发展及与此相关的科技活动所耗费的经费支出，也叫科技支出。科技资金的来源一般包括财政预算安排用于科技活动的资金、科研单位自行组织用于科技活动的资金、企业投入科研发方面的资金，以及银行的科技信贷资金。

2.1.4 财政科技资金

财政科技资金是指财政预算安排对科技活动的投入并用于科技方面的支出。财政科技资金具有4个基本特征：第一，它来源于政府的财政支出，是财政收入初次分配安排用于科技活动方面的支出；第二，它是一种专项资金，专门用于科技活动，为科技活动服务；第三，它是一种用于科技方面的支出，禁止挤占挪用；第四，它可以起到引导和鼓励其他资金支持科技发展的目的，具有很强的导向作用。

衡量财政科技资金规模主要有两种方法：一种是以国家财政预（决）算中安排的"科学技术支出"为基础进行估算；另一种是直接使用财政部门或科技部门披露的"财政科技专项资金"数据。

（1）科学技术支出

在科技部门的财政拨款支出中有"科学技术支出"一"类"，该类分设9"款"：科学技术管理事务、基础研究、应用研究、技术研究与开发、科技条件与服务、社会科学、科学技术普及、科技交流与合作，以及其他科学技术支出，每款下分设不同的"项"。各款及其下各项的支出规模可以在一定程度上反映财政科技资金的投入结构。但由于科学技术支出包含政府部门的机构运行支出，所以在分析实际财政科技投入时应将机构运行支出排除在外。同时，科学技术支出多出现在政府部门预决算中，各地为科技活动提供支持的常常不止一个政府部门，因此，用科学技术支出代表财政科技资金具有很大的局限性。

（2）财政科技专项资金

财政科技专项资金分为中央和地方两大块。中央财政科技资金主要用于科研机构基本运行、科研条件建设、科研项目、科学普及等；地方财政科技资金包括省级、市级科技专项资金和中央引导地方科技发展专项资金等几类。

中央引导地方科技发展专项资金是指中央财政通过专项转移支付安排的，用于支持地方政府围绕国家科技发展战略和地方经济社会发展目标，改善地方科研基础条件，优化科技创新环境，支持基层科技工作，促进科技成果转移转化，提升区域科技创新能力的资金。中央引导地方科技发展专项资金主要支持地级市以上地方科研基础条件和能力建设、地方专业性技术创新平台、地方科技创新创业服务机构和地方科技创新项目示范。

省级、市级财政科技专项资金则因各省、市情况不同而有明显差异。例如，"浙江省科技发展专项资金"是指由省级财政预算安排或中央授权省级统筹安排，用于支持省开展科研攻关活动、提升科技创新能力、优化科研环境条件等方面的专项资金，其支持范围包括基础公益研究、重点研发、技术创新引导、创新基地和人才、中央引导地方科技发展专项；"江苏省省级科技专项资金"则设立自然科学基金、科技条件建设与民生科技、前瞻性研究、企业创新与成果转化等 4 项科技专项资金。

本书的研究重点就是淮安市财政科技专项资金的扶持方式及其绩效。

2.2 财政科技投入对科技创新的作用机制

财政科技投入主要以科技拨款和财政性融资等手段促进科技创新。一是以科技拨款的方式投入纯公共产品领域，如基础研究、关键和共性技术研究等；二是以财政贴息、担保、参股、补贴等手段，发挥财政资金"四两拨千斤"的作用，实现政府、企业、金融机构及非营利机构之间科技投入的合理分工与配合。前者的作用在于解决市场做不了的事，解决市场失灵；后者的作用是在科技创新过程中"牵线搭桥"，解决创新系统的问题。

2.2.1 财政科技投入对科技创新活动整体的作用

（1）科技拨款对技术创新的作用

一是激发技术创新思想的产生。科技拨款对象包括基础性学科和科技人才的培育，有助于产生新思想、新知识。二是为技术创新成果产生提供客观条件。科技拨款有助于加速技术创新成果的研发和成果转化。三是降低技术创新的风险和成本。技术创新的先创性使其高风险性和高成本性如影随形，科技拨款有助于降低技术创新的成本和风险，增强创新主体的信心。四是提升公民科技素养。科技教育活动有助于提高公民的科技素养，为新思想、新服务、新技术的产生和应用创造环境。

（2）税收优惠对技术创新的作用

一是弥补经济外部性。技术创新具有扩散性，易造成创新主体创新意愿的降低。税收优惠能弥补创新者的一部分经济损失，激励其再次创新。二是降低技术创新的风险性。税收优惠能够降低技术创新的成本、增加创新者的经济收益，激励高新人才投入技术创新活动中。三是加速技术创新成果转化。技术转让方和技术受让方都可以享受相应的税收减免，有助于加速新成果的商品化和产业化。四是推动特定产业发展。新产品、新技术、新服务及技术创新人才的税收优惠措施，有助于将创新资源集中到特定产业，推动该产业的发展和技术创新。

（3）政府采购对技术创新的作用

一是扩大技术创新的市场需求规模。市场需求是技术创新的中心，引领企业技术创新的方向。政府采购科技含量高的产品和服务，能激励企业技术创新，对高新技术产业发展起到需求拉动作用。二是降低技术创新的不确定性。技术创新的不确定性包括技术转让的不确定、市场需求的不确定和收益的不确定等。政府采购的确定性可以将技术创新的不确定性降到最低，从而鼓励企业技术创新。三是确保技术创新的成果转化。技术创新成果投入市场后往往因为产品新颖，短时间内难以被消费者普遍接受，从而延缓再次创新。政府采购可在一定程度上为技术创新产品提供稳定需求，并起到宣传作用。四是促进高新技术企业的发展。政府采购的指向性有助于加快产业转型升级。五是吸引社会资本进入。政府采购预示着未来政策走向。政府采购的信号功能可以整合大量的人力资本和财力资本进入技术创新市场，为技术创新的发展奠定基础。

2.2.2 财政科技投入对科技创新活动各阶段的作用

（1）研发阶段

企业需要投入大量资金进行市场需求前期调研、建立销售渠道、采购试验材料、雇用专业技术人才等。由于市场前景不明和技术创新的准公共性，企业无法大规模融资。这一阶段，为技术创新主体筹资是最主要的任务。财政直接拨款、补贴、财政担保贷款融资，以及对技术创新费用、购进先进生产设备、专业技术人才减免税收等，能筹集到一定资金，为技术创新提供初始动力。

（2）成果转化阶段

为保证转化成功需要进行大量的试制开发，包括买进技术创新研发成果和新的试制材料、建立新的试制环境、雇用专业试制人才等。这也需要大量的资金投入。由于研发成果的市场价值仍不明确，市场资本不敢轻易投资。这一阶段，为企业的试制提供资金是重要任务。对企业购买的试制材料给予价格补贴以降低企业试制成本，对成果转化各方给予税收优惠给企业让渡使用资金，以及二者的结合均有助于企业技术创新成果转化成功。

（3）产业化生产阶段

大批量生产试制成功的技术创新成果，需要组建新的生产流水线、购买新的原材料和雇用大批劳动力，还需要对新产品进行前期的市场宣传推广，确定销路。这一阶段，吸引社会资本和资源的投入、确保新产品有较好的市场需求是主要任务。税收优惠作用于从生产到销售的整个阶段，能减少企业的生产经营成本，政府采购能确保技术创新的市场需求，两者相结合能有效推动该阶段的成功。

总之，企业科技创新及成果转化活动离不开政府财政及其他金融资源的支持。政府研发资助对企业的技术创新成果产出具有显著的正向效应，政府直接补贴对中小型高新技术企业创新绩效具有显著的正向影响，财政补贴激励将推动企业提高研发投入水平、增大投资规模，最终提升企业创新成果生产效率。财政直接补贴和税收补贴是企业进行创新成果转化的有效保障，但在加大财税补贴力度的同时，应控制财政税收补贴比重的合理范围（张明玖，2017）。

3 淮安市财政科技资金投入现状

3.1 财政科技资金投入规模

2005—2018 年，淮安市财政科技投入累计达 63.58 亿元，其中 2013 年开始设立的财政科技专项资金已累计投入 2.94 亿元（表 3.1）。

表 3.1 淮安市历年财政科技投入规模

年份	全社会研发投入 / 亿元	全社会研发投入强度 /%	财政科技投入 / 亿元	财政科技投入占财政支出的比重 /%	财政科技专项资金 / 万元
2005	2.08	0.37	0.40	0.81	
2006	3.51	0.54	0.26	0.42	
2007	5.20	0.68	0.15	0.18	
2008	7.87	0.86	0.69	0.60	
2009	10.08	0.90	0.70	0.47	
2010	13.50	1.00	2.79	1.35	
2011	20.28	1.20	1.02	0.34	
2012	24.40	1.27	4.27	1.26	
2013	32.30	1.50	5.68	1.48	4700
2014	39.29	1.60	7.18	1.66	4700
2015	46.66	1.70	12.05	2.35	5000
2016	54.00	1.80	9.29	1.92	5000
2017	60.57	1.82	9.74	2.15	5000
2018	67.00	1.86	9.35	1.92	5000
合计	386.74		63.58		29 400

注：如无特别说明，资料均来自各市财政局、科技局和统计年鉴，下同。

由表 3.1 可知，2005—2018 年，淮安市财政科技投入规模总体呈上升趋势。增速最快的年份有 3 个：2008 年、2010 年和 2012 年。但在 2012 年之前，淮安市财政科技投入规模并不稳定，部分年份有所下降。2012 年开始，淮安市财政科技投入规模逐年稳步增加，到 2017 年达到 9.74 亿元。财政科技投入占财政支出的比重也从 2012 年开始一直保持在 1% 以上，最高达到 2.35%。同期，淮安市全社会研发投入规模和研发投入强度也一直呈稳步上升态势。

由表 3.2 可知，淮安市财政科技投入年均增长 73.27%，高于同期的深圳、青岛、南京和苏州。其中，2010 年和 2012 年增长幅度较大，均在 300% 左右。淮安市财政科技投入占研发投入的比重平均为 17.00%，高于青岛，低于深圳、苏州和南京。

表 3.2　淮安市及其他城市财政科技投入增长率及占研发投入的比重　　单位：%

年份	财政科技投入增长率					财政科技投入占研发投入的比重				
	深圳	青岛	南京	苏州	淮安	深圳	青岛	南京	苏州	淮安
2010	47.38	-9.45		24.12	299.44	35.00	7.93		16.29	20.65
2011	-39.58	63.32	45.85	26.34	-63.36	16.94	9.81	13.28	17.13	5.04
2012	12.45	7.26	45.35	17.91	318.23	16.23	9.08	16.40	17.43	17.51
2013	67.77	49.97	14.63	46.24	33.00	22.75	11.85	16.59	23.22	17.59
2014	-28.88	4.17	11.47	-3.34	26.31	14.78	11.06	16.76	20.83	18.27
2015	126.62	5.81	16.35	17.42	67.88	29.26	10.84	17.65	22.92	25.82
2016	88.28	-15.54	1.81	7.81	-22.86	47.87	8.43	16.29	22.14	17.21
2017	-12.81	59.86	27.03	29.94	4.80	36.01	12.57	18.83	25.78	
2018	57.75	17.00	19.70	22.88	-4.01	54.55	14.70	20.46	29.40	13.96
平均	35.44	20.27	22.77	21.04	73.27	30.38	10.70	17.03	21.68	17.00

3.2　财政科技资金投入结构

淮安市财政科技专项资金包括三大类：科技计划项目资金、创新绩效奖补资金、科技金融引导资金。3 类资金的预算分配额度和主要用途如表 3.3 所示。2017—2019 年，淮安市财政科技扶持专项资金内部结构发生了明显变化：由以科技计划项目资金为主（2017年占51%，2019年占34%），转变为以创新绩效奖补资金为主（2017年占33%，2019年占58%）；科技金融引导资金占比较低且逐年下降（2017年占16%，2019年占7%）。

表3.3 淮安市2017—2019年财政科技资金（预算）结构　　单位：万元

支出大类	支出小类或用途	小计		
		2017年	2018年	2019年
市科技计划项目资金	自然科学研究计划	2550（51%）	1780（36%）	1900（34%）
	重点研发计划			
	重大科技成果转化计划			
	创新与服务能力建设计划			
	软科学研究计划			
	往年项目分年度拨款及验收后补助			
市创新绩效奖补资金	市科技创新券	1650（33%）	2700（54%）	3300（58%）
	专利资助			
	国家高企培育专项			
	省企业研发投入普惠性财政奖励配套			
	创新服务平台绩效评价后补助			
	其他政策性奖励			
市科技金融引导资金	天使投资引导基金	800（16%）	400（8%）	400（7%）
	科技贷款贴息资金			
	科技成果转化风险补偿基金			
其他	重大科技活动专项资金	0	120	50
合计		5000	5000	5650

注：括号中数字为该类资金占当年财政科技资金总额的比重。

3.3 财政科技资金投入方式

财政科技资金投入方式与其设立目的和所扶持的对象有关。淮安市市级财政科技资金主要用于资助科技计划项目、对创新绩效进行奖补及对科技金融进行引导，其最终目的是促进淮安市科技创新的发展。因此，本课题从科技计划项目资金、创新绩效奖补资金、科技金融引导资金三大类资金入手，详细分析淮安市财政科技资金的投入方式。

3.3.1 科技计划项目资金的资助方式

淮安市科技计划项目由"淮安市市级科技计划专项资金"资助。该专项资金由市财政设立并列入年度财政预算，由市财政局、市科技局共同管理。科技计划项目包括自然科学研究计划、重点研发计划、重大科技成果转化计划、创新服务能力建设计划和软科学研究计划。资金拨付方式采取立项时一次性拨付、分年度拨付和后补助等方式。《淮安市市级科技计划专项资金管理办法》（淮财规〔2019〕1号）规定，市级预算单位可一次性申请全部用款计划，由项目承担单位自行选择支付方式并随时支付；市级非预算单位直接拨付到承担单位基本户。

科技计划项目资金的具体资助方式会随实际情况而变。例如，2018年淮安市财政科技计划项目主要采取直接拨款、贷款贴息等方式，2019年则采取直接拨款方式。直接拨款分前期一次性拨款、分年度拨款、后补助等。其中，分年度拨款是指项目财政资助资金一次性预算确定，根据项目实施进度情况分年度拨付项目单位，一般立项时拨付50%左右，其余资金待中期检查合格后拨付；中期检查不合格的，待项目通过验收后拨付。后补助是指由承担单位先行投入资金组织项目实施，完成项目合同约定任务、按照规定程序结题验收合格后，给予相应补助。企业自主创新成果转化奖补类项目对企业未获立项、非规划创新而自行研发，并形成自主知识产权且成功转化的重点项目，通过评审后直接给予后补助支持。

（1）自然科学研究计划项目

淮安市自然科学研究计划项目为前期一次性拨款，其中，临床医学及公共卫生类项目每个资助3万元左右，非临床医学及公共卫生类项目每个资助5万元左右。

（2）重点研发计划项目

淮安市重点研发计划分工业、农业和社会发展3个小类。①工业类。

2018年称为"工业企业类",2019年称为"工业和信息化类",分面上项目和重点项目。面上项目每项支持20万~30万元,当年拨款10万元,其余后补助;重点项目每项支持30万~50万元,当年拨款不超过50%,其余后补助。②农业和社会发展类。每项支持30万~50万元,当年拨款不超过50%,其余后补助。

(3) 重大科技成果转化计划项目

2018年重点项目每项资助不超过200万元,面上项目每项资助不超过100万元,均为后补助,项目完成合同任务并验收合格后拨付资助资金,其中贷款贴息不低于20%。2019年面上项目每项资助不超过100万元,项目完成合同任务并验收合格后拨付资助资金;企业自主创新成果转化奖补项目每项资助不超过项目总投入的1/4且最高100万元,项目通过评审后直接给予拨款。

(4) 创新和服务能力建设计划项目

2018年分为科技创新与服务能力建设类和产业技术协同创新联盟建设类,2019年分为科技创新与服务能力建设类和淮安国家农业科技园区能力提升类。①科技创新与服务能力建设类。重点实验室建设项目:每个市拨经费不超过50万元,分年度拨付。重点公共科技服务平台建设项目:2018年市拨经费不超过100万元;2019年淮安市高新技术企业培育服务平台建设项目市拨总经费不超过300万元,淮安市大型科研仪器设施共享服务平台建设项目市拨总经费50万元,产业科技公共服务平台建设项目每项市拨经费不超过50万元,均为分年度拨付(2018年为产业技术协同创新联盟建设类,当年拨款50%,其余资金在中期检查通过后拨付)。国家级企业研发机构培育点:每个培育点市直接拨款100万元,分年度拨付;培育点承担企业发生符合条件的科技贷款,另可享受每个项目每年不超过50万元的贴息,连续支持3年。院士工作站:每家院士工作站市拨经费不超过20万元,分年度拨款。②淮安国家农业科技园区能力提升类。项目市拨经费100万元左右,鼓励园区自筹资金进行配套。

（5）软科学研究计划项目

2019年每个项目资助3万~10万元。

3.3.2 创新绩效奖补资金的资助方式

（1）科技创新券

根据《淮安市科技创新券实施管理办法（试行）》（淮政办发〔2013〕154号）、《淮安市科技创新券实施细则（修订）》（淮创管办发〔2018〕3号），淮安市科技创新券资金来源于市科技创新专项资金及县（区）财政配套资金。清河区、清浦区、淮安经济技术开发区、工业园区、生态新城财政按与市财政5∶5的比例进行资金配套，淮阴区、淮安区、涟水县、洪泽县、金湖县、盱眙县财政按与市财政8∶2的比例进行资金配套。创新券申请金额为5万元、10万元、20万元，有效期2年，限用于本市企业向高校、科研院所等单位购买技术服务和技术成果，以及企业建设研发机构添置研发设备等。申请创新券的企业要有明确的科技研发、产品开发、技术升级计划或方案；企业自筹配套资金不低于申请创新券资金的3倍。申请兑现数额不超过发放的科技创新券面值，且不超过企业符合用途实际支出的1/3。

（2）专利资助

《淮安市专利资助经费管理办法》（淮财规〔2017〕1号）设立专利申请资助资金，对国内发明专利的申请费、实审费，授权的实用新型专利的相关费用，以及国外专利申请等，按实际发生费用的一定比例给予资助。每年第三季度发放上一年度的专利资助经费。①发明专利资助。获得国家受理的发明专利申请，资助1000元/件，其中，高新技术企业、众创空间等科技孵化器内的科技型企业首件发明专利申请，资助1500元/件。发明专利授权后资助2000元/件，对省知识产权局已经资助的不再重复资助。②实用新型专利资助。实用新型专利授权后资助500元/件。③境外专利（PCT）申请资助。当年通过PCT途径或巴黎公约途径申请的发明专利申请，处于国际阶段，资助8000元/件；进入国家阶段和授权，以实际费用进行资助，不超过6万元/件；获得北美、欧盟、日本等发达国家和地区发明专利授权的，给予10万元/件资助，同一发明专利累计资助不超过30万元，对省知识产权局已经资助的不再重复资助。④专利大户资助。在市区内注册的企业、科研院所等，当年专利申请量超过50件且发明专利不少于20件、发明专利授权超过5件的给予2万元资助；当年专利申请量达100件且发明专利不少于40件、发明专利授权量超过10件的给予5万元资助。以上两项不重复资助，已经取得相应科技项目支持的不再资助。

（3）国家高企培育专项资助

根据《关于深化科技体制机制改革推动高质量发展的实施意见》（淮发〔2018〕35号），对首次获批的国家高新技术企业由市财政给予每家不超过40万元补助，各县区（园区）根据实际情况给予配套补助；对重新获批的国家高新技术企业每家给予20万元补助。对进入省、市高新技术企业培育库的企业分别给予每家10万元和5万元补助，补助资金市财政和县区（园区）财政各承担50%。

（4）创新服务平台绩效评价后补助

根据"市聚力创新20条"，对创新服务平台给予相应补助。①创业载体。对新认定的国家级科技企业孵化器、众创空间、星创天地，给予50万元支持；对新认定的省级科技企业孵化器、众创社区、众创空间，给予20万元支持。②新型研发机构。在淮设立的新型研发机构获得省级备案的，最高给予1000万元的经费支持。新型研发机构为本地经济开展研发创新活动，对其上年度非财政经费支持的研发经费支出，经考核认定后，给予不超过60%、最高200万元的补助。③科技创新平台。凡经国家部委批准在淮安设立的国家重点实验室、国家企业工程（技术）研究中心、国家企业技术中心、国家工程实验室、国家制造业创新中心、国家企业重点实验室等国家级平台，在省财政支持的基础上，市财政给予每个国家级平台200万元支持。对新建成的国家级科技公共服务平台，市财政给予 100 万元支持。对新建成的省级科技公共服务平台，给予 50 万元支持。④高端园区。对新获批的国家级、省级高新区，市财政分别给予 300 万元、100 万元支持。对新获批的国家火炬计划特色产业基地，市财政给予 50 万元支持。市、县区相关产业专项、科技专项资金 60% 以上投向开发园区，支持开发园区产业转型升级。

（5）政策性奖励

根据《关于深化科技体制机制改革推动高质量发展的实施意见》（淮发〔2018〕35 号），实行企业研发投入财政奖励制度。根据省财政对企业研发投入的普惠性财政奖励，给予省奖补资金 50% 的配套奖励。提供科技税收优惠政策套餐，为企业享受研发费用加计扣除、高新技术企业所得税减免等政策提供便利。

科技企业孵化器、众创空间在孵企业申报国家高新技术企业的，每通过认定 1 家，市财政补助运营机构 3 万元。对当年负责国家高新技术企业培育申报 10 家以上且认定通过率超过 70% 的科技服务机构，市财政给予每家科技服务机构 10 万元补助。

对为本市企事业单位引进转化成果的各技术转移机构，最高按技术合同实际成交额的 2%，给予每年最高 20 万元补助；对技术经纪人（技术经理人、科技专员）开展的技术转移活动，最高按技术合同实际成交额的 1% 给予资助，单个项目资助最高 5 万元，国家另有规定的除外。

对大型科学仪器设备共享服务平台的资源管理服务单位，根据评估结果给予绩效补助，同一资源管理单位每年获得的补助总额不超过 50 万元。对中小企业使用科技公共资源支出的成本，给予适当补贴。

3.3.3　科技金融引导资金的资助方式

（1）科技贷款贴息

对纳入省高新技术企业培育库的企业和被列为市高新技术企业培育对象的企业在培育期内所获得的银行贷款给予贴息支持，贷款贴息比例不超过实际付息的 80%，每年不超过 20 万元。

(2) 天使投资引导基金

依据《淮安市天使投资引导基金管理暂行办法》(淮科〔2017〕146号),设立天使投资引导基金,采取基金参股的方式,引导创业投资机构投资在淮安市注册的早期科技型中小企业。创业投资机构参股后一年内对淮安市内企业的投资总额不低于引导基金出资额的1.5倍,对市内科技创业企业的投资总额占其对市内企业投资总额的比例不低于60%,且对单个企业的累计投资额不得超过创投机构自身总规模的20%。

(3) 风险补偿资金

截至目前,淮安市共设立过两个风险补偿资金:一个是科技成果转化风险补偿基金;另一个是科技贷款风险补偿资金。由于前者已于2019年废止,所以在此只讨论科技贷款风险补偿资金。淮安与华夏银行合作,设立科技型中小微企业贷款风险补偿资金池(苏科贷),以无担保、低利率的方式,帮助规模小、无可抵押资产、用传统办法融资难的科技型中小微企业获得科技成果转化项目过程中所需的融资。江苏银行淮安分行对符合条件的科技型企业小额保证保险贷款业务给予贷款利率优惠,原则上利率上浮比例不得超过基准利率的10%,同时可以向贷款企业收取贷款金额的10%作为小额贷款保证保险贷款业务风险补偿金,在贷款企业借款本息归还后,将风险补偿金退还给缴存企业;未按期还本付息的,银行直接扣收企业缴存的风险补偿金。

(4) 保险服务

依据《淮安市科技型企业小额贷款保证保险业务实施办法》(淮政办发〔2013〕133号),保险公司对符合保险条件的企业和项目,办理受益人为贷款银行的科技型企业(项目)贷款保证保险。保险费率设置1.4%、2.0%和2.6%三档,对应承担70%、80%和90%的理赔风险。保险期限与银行贷款期限相同,最长不超过一年。对贷款金额超过200万元的科技型企业和科技型项目贷款,保险公司可以要求提供抵(质)押物,抵(质)押物可以为符合要求的企业资产,也可以为企业主要合伙人的家庭财产。取得认证的国家及省级高新技术企业，抵（质）押物比例可以适当放宽。贷款到期后按时结清本息的贷款企业，保险公司帮助其向财政部门申请保费补贴。市财政局设立 1000 万元市级科技型中小企业融资风险补偿资金池，承担科贷保险业务实际净损失的 50%。

此外，2018 年淮安与中国银行、"我的麦田"平台合作，开展知识产权质押融资"一站通"活动，为参会企业提供"一对一、面对面"的一站式全面金融服务。

4 淮安市财政科技资金使用效果

4.1 科技创新产出不断增加

2006—2018 年,淮安市共立项科技项目 3629 项,新增高新技术企业 416 家,新增工程技术研究中心 671 家,新增重点实验室 50 个,新增重大产学研机构 9 个,新增公共技术服务平台 89 家,新增市级以上科技孵化器 13 家(表 4.1)。以 2013 年淮安市开始设立财政科技专项为界,比较前后科技创新产出的变化可以发现,工程技术研究中心数量在财政科技专项设立后明显增加,成为淮安市重要的科技创新载体(图 4.1)。

表 4.1 淮安市 2006—2018 年科技创新产出

年份	高新技术企业/家	工程技术研究中心/家	重点实验室/个	重大产学研机构/个	公共技术服务平台/家	市级以上科技孵化器/家	立项市级科技项目/项
2006	128	20	2		4	2	270
2007	180	26	3		4	2	172
2008	130	62	9		19	3	167
2009	192	87	11		26	8	299
2010	239	122	15	3	37	12	379
2011	271	160	21	6	50	14	375
2012	372	216	27	7	62	15	555
2013	387	271	33	7	72	15	511
2014	432	358	38	7	76	15	304
2015	455	470	42	7	84	15	252
2016	527	553	46	7	93	15	172

续表

年份	高新技术企业/家	工程技术研究中心/家	重点实验室/个	重大产学研机构/个	公共技术服务平台/家	市级以上科技孵化器/家	立项市级科技项目/项
2017	512	625	50	9	92	17	80
2018	544	691	52	9	93	15	93

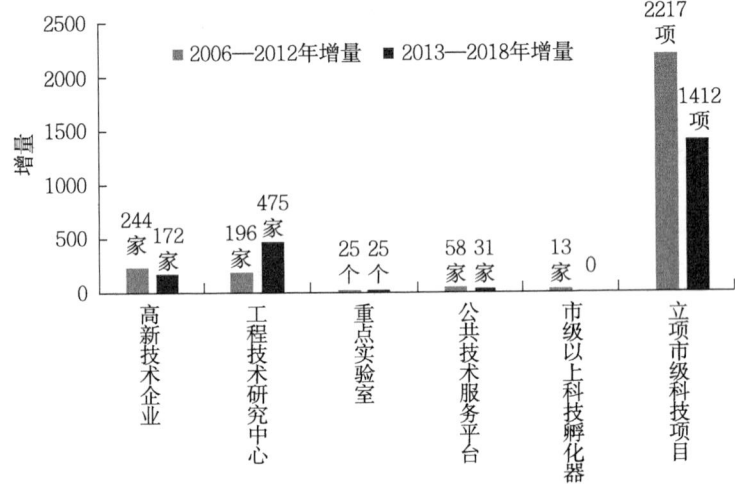

图 4.1 淮安市财政科技专项设立前后科技创新产出的变化

4.2 科技创新成果不断丰富

2006—2018 年，淮安市高新技术产业产值增加了 2169.14 亿元，增幅高达 3025.3%；占规模以上工业总产值的比重由 9.03% 提升至 22.40%，增加了 13.37 个百分点（表 4.2，图 4.2）。发明专利申请、授权量分别由 2006 年的 230 件和 47 件增加到 2018 年的 4746 件和 407 件，增幅分别为 1963.48% 和 765.96%（图 4.3）。

表 4.2 淮安市 2006—2018 年科技创新成果

年份	发明专利申请数/件	发明专利授权数/件	高新技术产业产值/亿元	占规模以上工业总产值的比重/%
2006	230	47	71.70	9.03
2007	346	53	100.55	9.47
2008	330	67	154.97	12.35

续表

年份	发明专利申请数/件	发明专利授权数/件	高新技术产业产值/亿元	占规模以上工业总产值的比重/%
2009	422	142	245.83	15.40
2010	636	145	479.17	19.65
2011	967	224	580.70	20.00
2012	1484	276	956.49	24.46
2013	2337	278	1179.09	24.47
2014	3495	326	1473.86	26.00
2015	4406	335	1687.22	25.08
2016	4061	406	1909.00	25.53
2017	4547	358	1834.35	20.54
2018	4746	407	2240.84	22.40

图 4.2　淮安市 2006—2018 年高新技术产业产值变动情况

比较两个阶段的科技创新成果可以发现，自 2013 年财政科技专项设立后，淮安市发明专利申请量大幅增长，2013 年和 2014 年两年的申请量已超过过去 5 年之和，说明科技创新主体的积极性开始被调动起来。相应地，淮安市高新技术产业产值的增长速度也开始加快，财政科技专项设立后较之前多增加了近 400 亿元，占规模以上工业总产值的比重由原来的平均 15.77% 提高到 24.00%。

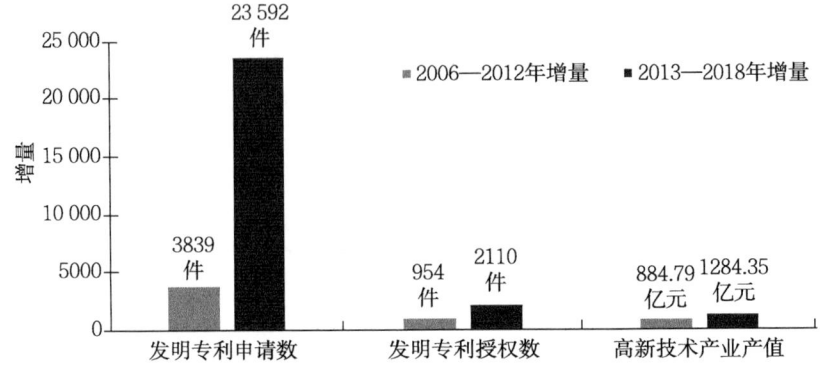

图 4.3　淮安市财政科技专项设立前后科技创新成果的变化

4.3　科技创新实力明显增强

围绕"创建国家创新型城市"这一主线，淮安实施了"企业主体提升、产业创新发展、园区提档升级、科技服务推进、科技创新惠民、知识产权保护"等科技创新六大工程，制定了《淮安市产业科技创新行动计划（2017—2019年）》《淮安市科技创新龙头企业培育行动方案（2017—2020年）》《企业研发机构"十百千"行动计划实施方案》《淮安市产业公共研发机构建设与运行管理办法》《淮安市知识产权"零侵权"城市建设行动方案（2017—2020年）》《淮安市知识产权强市意见》《知识产权发展战略三年行动计划》《关于深化科技体制机制改革推动高质量发展的实施意见》等多个政策文件，取得了一定成效。

在科技创新能力方面，2018年，新增国家高新技术企业135家；创新型企业34家，创新型领军企业3家；省级以上孵化器孵化面积超过90万平方米。

在科研实力方面，2018年，拥有知名高校院所重大产学研机构38个，其中省级7个；组织签订大院名校科技合作交流项目91项；入选国家双创人才1人，省"双创团队"1个，省双创博士3人，省"科技副总"65人；新获认定省级工程技术研究中心6个，市级工程技术研究中心60个；新认定国家级星创天地2家，省级众创空间1家。

在科技服务方面，2018年，建成集线上服务平台、线下服务中心和技术转移生态体系于一体的淮安市技术产权交易市场，10余家优质科技服务机构入驻，全年完成技术交易额11亿元。淮安市大型科研仪器设施共享服务平台投入运营，入网仪器104台（套）。

在产业创新方面，2018年淮安市新一代信息技术、新能源汽车及零部件、盐化凹土新材料、食品等"三新一特"优势特色产业完成工业总产值1116.70亿元，占规模以上工业产值比重27.9%。建立覆盖食品、特钢及装备制造、电子信息、盐化新材料、新能源汽车及零部件、优质稻米、规模畜禽、生物技术及新医药等全部优势特色产业的技术攻关同盟，申请发明专利129项，授权发明专利36项，开发新发品124个，承担各类科研项目254项，服务企业800余家，解决企业技术难题53项，突破关键技术难题25项，转化技术成果32项，产生经济效益超过10亿元。

在创业系统建设方面，2018年淮安市创业培训1.53万人，新增省级创业型街道（乡镇）43个、创业型社区（村）436个、创业型园区2个；截至2018年，淮安共有市级科技企业孵化器3家，市级众创空间33家。

在创新基础方面，2018年，淮安市人才总量56.3万人，省级以上技能大师工作室项目4个，高技能人才公共实训基地项目3个，省首席技师项目33个，国务院特殊津贴专家116名，省级突出贡献中青年专家58名，国家级博士后科研工作站10家，省级博士后创新实践基地29家。清河开发区获批省级经济开发区；淮安经济技术开发区在全省排名上升至第12位；涟水、金湖开发区进入省级开发区苏北前10强。

4.4 资金运用主体满意度较高

4.4.1 科研人员

2019年3月，课题组设计了"淮安市财政科技扶持方式及其绩效调查问卷［科研人员］"（见附录B），通过问卷星发放，委托市科技局向各区县科研人员宣传。最后共收回有效问卷38份，其中获得过财政科技资助的有16份，占42.11%。资助方式较多的依次为创新与服务能力建设计划（50.00%）、自然科学研究计划（37.50%）、重点研发计划（37.50%）及专利资助及奖补（31.25%）（表4.3）。资助方法主要是前期一次性无偿拨款（62.50%）、分年度拨款（50.00%）和后补助（43.75%）（表4.4）。调查结果显示，获得过财政科技资助的科研人员，对财政科技资金的资助方式和方法满意度较高。财政科技资助对科研人员的创新绩效有明显的正向影响，但在缩短研发周期、降低研发成本方面的作用不明显（表4.5）。

表4.3 淮安市科研人员对财政科技资金资助方式的满意度调查结果

资助方式	人数/人	比例/%	满意度
A1. 自然科学研究计划	6	37.50	5人非常满意，1人满意
A2. 重点研发计划	6	37.50	4人非常满意，2人满意
A3. 科技成果转化计划	2	12.50	1人非常满意，1人满意
A4. 创新与服务能力建设计划	8	50.00	4人非常满意，4人满意
A5. 软科学研究计划	2	12.50	非常满意
B1. 专利资助及奖补	5	31.25	3人非常满意，2人满意
B2. 科技创新券	2	12.50	非常满意
B3. 高新技术企业认定（入库）奖补	3	18.75	非常满意
B4. 创新服务平台补助	2	12.50	1人非常满意，1人满意
C1. 科技贷款贴息	1	6.25	非常满意
D. 其他	1	6.25	非常满意

表4.4 淮安市科研人员对财政科技资金资助方法的满意度调查结果

资助方法	人数/人	比例/%	满意度
A1. 前期一次性无偿拨款	10	62.50	7人非常满意，3人满意
A2. 分年度拨款	8	50.00	4人非常满意，3人满意，1人比较满意

续表

资助方法	人数/人	比例/%	满意度
A3.后补助	7	43.75	5人非常满意，2人满意
B.有偿拨款	2	12.50	1人非常满意，1人比较满意
C.以奖代补	1	6.25	满意
F.其他	1	6.25	满意

表4.5 淮安市科研人员获得财政科技资助后创新绩效的变化

指标	明显增加	略有增加	不变	有所减少	明显减少	平均分
发明专利申请、授权数量	10（62.50%）	4（25.00%）	0（0）	0（0）	0（0）	4.71
实用新型专利申请、授权数量	7（43.75%）	7（43.75%）	0（0）	0（0）	0（0）	4.50
科技论文及专著数量	10（62.50%）	3（18.75%）	1（6.25%）	0（0）	0（0）	4.64
作者同省异单位科技论文数	7（43.75%）	3（18.75%）	1（6.25%）	0（0）	0（0）	4.55
作者异省合作科技论文数	3（18.75%）	4（25.00%）	3（18.75%）	0（0）	0（0）	4.00
软件著作权数量	4（25.00%）	4（25.00%）	3（18.75%）	0（0）	0（0）	4.09
科技成果获奖数量	6（37.50%）	5（31.25%）	3（18.75%）	0（0）	0（0）	4.21
开发新产品（新工艺、新技术、新模式、新装置）数量	5（31.25%）	6（37.50%）	2（12.50%）	0（0）	0（0）	4.23
新产品开发成功率	5（31.25%）	6（37.50%）	1（6.25%）	0（0）	0（0）	4.33
平均研发周期	2（12.50%）	3（18.75%）	3（18.75%）	4（25.00%）	0（0）	3.25
研发成本	2（12.50%）	3（18.75%）	3（18.75%）	4（25.00%）	1（6.25%）	3.08

续表

指标	明显增加	略有增加	不变	有所减少	明显减少	平均分
新产品的盈利率	2（12.50%）	5（31.25%）	4（25.00%）	0（0）	0（0）	3.82
科技成果转化率	2（12.50%）	10（62.50%）	2（12.50%）	0（0）	0（0）	4.00
技术合同成交额	4（25.00%）	6（37.50%）	3（18.75%）	0（0）	0（0）	4.08
科技成果进入产业化阶段的数量	2（12.50%）	7（43.75%）	2（12.50%）	0（0）	0（0）	4.00
科技成果被企业接受和采用的比例	3（18.75%）	7（43.75%）	3（18.75%）	0（0）	0（0）	4.00
科技成果被政府部门采用的比例	2（12.50%）	6（37.50%）	4（25.00%）	1（6.25%）	0（0）	3.69
培养专业技术人员数量	5（31.25%）	8（50.00%）	1（6.25%）	0（0）	0（0）	4.29
参与政产学研合作项目数量	4（25.00%）	8（50.00%）	2（12.50%）	0（0）	0（0）	4.14
对相关产业产生的引导和辐射作用	3（18.75%）	9（56.25%）	1（6.25%）	1（6.25%）	0（0）	4.00

注：括号中数字为所占比例。

4.4.2 企业

2019年3月25—28日，课题组在淮安市科技局的帮助下，对全市49家科技型企业进行了认真座谈和调研。此前课题组已在问卷星发放"淮安市企业科技创新调查问卷"（见附录C），并委托市科技局向各区县企业进行宣传。经过整理，共得到56家企业的调研数据。结果显示，企业获得财政科技资助的方式主要为科技创新券（30.36%）、高企认定奖补（30.36%）、创新与服务能力建设计划（26.79%）、重点研发计划（21.43%）、科技成果转化计划（14.29%）、科技贷款贴息（12.50%）。多数企业认为，财政科技资助对企业科技创新有明显的促进作用（表4.6）。

表 4.6 淮安市企业获得财政科技资助的方式

资助方式	企业数/个	比例/%
A1. 自然科学研究计划	0	0
A2. 重点研发计划	12	21.43
A3. 科技成果转化计划	8	14.29
A4. 创新与服务能力建设计划	15	26.79
A5. 软科学研究计划	0	0
B1. 专利资助及奖补	3	5.36
B2. 科技创新券	17	30.36
B3. 高新技术企业认定（入库）奖补	17	30.36
B4. 创新服务平台补助	4	7.14
C1. 科技贷款贴息	7	12.50
C2. 天使投资	0	0
C3. 科技成果转化风险补偿	0	0

5 淮安市财政科技资金绩效评价

5.1 财政科技资金绩效评价的内涵

绩效的"效"包含"效率""效益""效果"3层含义。财政科技资金的效率反映资金投入的配置情况是否达到了优化。财政科技资金的效益是指在科技活动中由使用财政科技资金所引起的相应收益或收入,不仅包括直接可统计的经济效益,还包括难以量化的间接经济效益和社会效益。财政科技资金的效果是指财政科技资金所支持的各类型科技项目所取得的实际效果。

对财政科技资金的绩效进行评价,就是评价主体遵循一定的原则、程序和标准,科学地运用定性或定量方法,对财政科技资金所支持项目的目标实现程度、经费投入所产生的效率和效益,以及经费使用管理的有效性等进行全面、客观地考核与评价,以此作为提高政府管理效率、资金使用效益和公共服务水平的依据。财政科技资金绩效评价重点关注财政科技资金配置的合理性和资金使用的有效性。

5.2 财政科技资金绩效评价的方法

常用的财政科技资金绩效评价方法主要有两大类:一类偏理论,如数据包络分析法、层次分析法、综合评分法、灰色关联分析法、因子分析法和主成分分析法等;另一类重实务,如南京和苏州的财政科技资金绩效自评价。南京市财政科技资金绩效自评价采用比较法、因素分析法和公众评判法。通过比较绩效目标与实施效果,分析影响绩效目标实现、实施效果的内外因素，再结合专家评估、公众问卷及抽样调查等对资金效果、服务对象满意度、环境效益及可持续性等方面的评判，综合评价财政科技资金绩效目标的实现程度。第一类方法有助于对财政科技资金绩效进行整体把握；第二类方法可以体现影响财政科技资金绩效的细节。

本书先用第一类方法中的数据包络分析法对淮安市2013—2018年的财政科技资金绩效进行总体评价，再用第二类方法对淮安市2018年的财政科技资金绩效进行具体评价。绩效评价所用数据主要来源于各市的统计年鉴、科技局和财政局，其中定性指标数据主要通过专家访谈和网络调查获得。

5.2.1 数据包络分析法

数据包络分析（Data Envelopment Analysis，DEA）是一种非参数的客观评价方法，由美国运筹学家A. Chames和W. W. Cooper等于1978年在"相对效率评价"基础上发展而来。数据包络分析法基于"投入—产出模型"，采用数学规划方法，利用观察到的样本数据，对具有相同类型的多投入、多产出的决策单元（Decision Making Units，DMU）进行生产有效性评价或处理其他多目标决策问题。

DEA通过对一个特定单位的效率和一组提供相同服务的类似单位的绩效的比较，试图使服务单位的效率最大化。在这个过程中，获得100%效率的单位被称为相对有效率单位，效率评分低于100%的单位被称为无效率单位。

在运用DEA模型测度效率时，要求决策单元具有相同的投入、产出指标，并且根据经验法则，决策单元的样本数至少是投入、产出项数之和的2倍以上。

就财政科技资金绩效评价而言，科技投入指标通常为地方财政科技支出、R&D经费支出；科技产出指标则分为直接产出和间接产出，前者如科技论文、专利、科技成果和奖励、技术贸易和高新技术产业等；后者有国内生产总值、劳动生产率和能源消耗等。考虑到淮安的实际情况、课题的研究目的和数据的可得性，本书最终选用财政科技专项资金作为投入指标，高新技术产业产值、发明专利授权数和高新技术企业数作为产出指标。

由于淮安财政科技专项 2013 年才设立，数据太少，故在进行数据包络分析时将引入苏州、青岛等城市，共同作为决策单元进行分析。数据包络分析软件采用 MaxDEA 8。

5.2.2 综合评分法

实务界常采用的财政科技资金绩效评价方法为综合评分法，包括主观评价和客观评价。评价指标体系主要从两个角度来设置：一种是从财政资金绩效评价角度，涵盖项目设立（项目目标、决策过程、资金分配）、项目管理（资金到位、资金管理、组织实施）、项目绩效（项目产出、项目效益）3 个方面，如南京；另一种是从科技部门工作绩效评价角度，分为投入、产出、结果和影响力 4 个方面，如苏州。本书综合二者的特点，结合淮安实际情况，设置如表 5.1 所示的财政科技资金绩效评价指标体系，对淮安市 2018 年财政科技专项资金的项目绩效部分进行评价。

表 5.1 淮安市财政科技资金绩效评价指标体系及评分标准

指标名称			指标值	分值	评分标准
一级指标	二级指标	三级指标			
项目设立（20）	项目目标（4）	目标内容	科学合理	4	目标明确（1分），目标细化（1分），目标量化（2分）
	决策过程（8）	决策依据	依据充分	3	项目符合经济社会发展规划和部门年度工作计划（2分），根据需要制定中长期实施规划（1分）
		决策程序	符合规定	5	项目符合申报条件（2分），申报、批复程序符合相关管理办法（2分），项目实施调整履行相应手续（1分）
	资金分配（8）	分配办法	标准合理	2	办法健全、规范（1分），因素选择全面、合理（1分）
		分配结果	合理	6	项目符合相关分配办法（2分），资金分配合理（4分）

续表

指标名称			指标值	分值	评分标准
一级指标	二级指标	三级指标			
项目管理（20）	资金到位（5）	到位率	100%	3	根据项目实际到位资金占计划的比重计算得分（3分）
		到位时效	资金下达文件30日内	2	及时到位（2分），未及时到位但未影响项目进度（1.5分），未及时到位并影响项目进度（0~1分）
	资金管理（10）	资金使用	符合规定	7	虚列（套取）扣4~7分，支出依据不合规扣1分，截留、挤占、挪用扣3~6分，超标准开支扣2~5分
		财务管理	制度明确、核算规范	3	财务制度健全（1分），严格执行制度（1分），会计核算规范（1分）
	组织实施（5）	组织机构	机构健全、分工明确	2	机构健全（1分），分工明确（1分）
		管理制度	项目管理制度健全且严格执行	3	建立健全项目管理制度（1分），严格执行相关项目管理制度（2分）
项目绩效（60）	项目产出（33）	产出数量		7	达到或超过目标值得满分；未达到目标值评价得分=分值×实际完成值/目标值
		产出质量		13	达到或超过目标值得满分；未达到目标值评价得分=分值×实际完成值/目标值
		产出成本		13	执行数未超支评价得分=分值×实际完成值/目标值；执行数超支评价得分=分值×（1-超支率）
	项目效益（27）	经济效益		13	达到或超过目标值得满分；未达到目标值评价得分=分值×实际完成值/目标值
		社会效益		9	达到或超过目标值得满分；未达到目标值评价得分=分值×实际完成值/目标值
		满意度		5	根据调研结果估算
合计				100	

5.3 淮安市财政科技资金绩效评价结果

5.3.1 数据包络分析结果

（1）径向 DEA 模型结果

根据对效率的测量方式，DEA 模型分为投入导向模型、产出导向模型和非导向模型。投入导向模型是从投入角度对 DMU 无效率程度进行测量，关注的是在不减少产出的条件下，要达到技术有效各项投入应该减少的程度。产出导向模型是从产出角度对 DMU 无效率程度进行测量，关注的是在不增加投入的条件下，要达到技术有效各项产出应该增加的程度。非导向模型是同时从投入和产出两个方面进行测量。径向是指无效率的测量方式为投入能够等比例减少的程度，或产出能够等比例增加的程度。

依据 DEA 方法，CRS 值反映评价对象的整体有效性，VRS 值反映评价对象的技术有效性，SE 值反映评价对象的规模有效性。技术有效性衡量财政科技资金的投入与产出是否达到最佳，是否存在投入冗余或产出不足。规模有效性衡量财政科技资金投入与产出的增加状态，即如果增加财政科技资金投入，其产出发生变化的规律或趋势。规模有效即规模合理阶段，投入和产出以同样的速度增加；规模无效分为两种，规模效益递增和规模效益递减。规模效益递增是指增加科技投入，其效益会以高于投入的速度增加；规模效益递减是指效益的增加速度低于投入的增长。

由表 5.2 结果可知，当以高新技术产业产值、发明专利授权量和高新技术企业数作为产出变量时，淮安市财政科技专项资金在 2014 年和 2018 年实现了技术有效，投入与产出达到最佳状态；其余年度则或多或少存在投入冗余或产出不足，尤其是 2015—2017 年，说明财政科技专项资金并未得到充分利用。同时，淮安在 2018 年实现了规模有效，投入和产出以同样的速度增加，但在规模无效年度，均为规模效益递增，说明增加财政科技专项资金投入，可以实现科技创新产出以更快的速度增加。

表 5.2 径向 DEA 模型运行结果（淮安部分）

年份	投入导向				产出导向			
	技术效率（CRS）	纯技术效率（VRS）	规模效率（SE）	RTS	技术效率（CRS）	纯技术效率（VRS）	规模效率（SE）	RTS
2013	0.7568	1.0000	0.7568	递增	0.7568	0.8958	0.8448	递增
2014	0.8455	1.0000	0.8455	递增	0.8455	1.0000	0.8455	递增
2015	0.8364	0.9567	0.8743	递增	0.8364	0.8364	1.0000	不变
2016	0.9717	0.9988	0.9728	递增	0.9717	0.9961	0.9755	递增
2017	0.9412	0.9829	0.9576	递增	0.9412	0.9412	1.0000	不变
2018	1.0000	1.0000	1.0000	不变	1.0000	1.0000	1.0000	不变

（2）网络 DEA 模型结果

通过详细了解淮安市财政科技专项资金的构成和运作方式，本书认为淮安市财政科技专项资金对各产出变量的影响存在先后，即存在直接效应和间接效应。例如，财政科技专项资金中的高企培育资助，通常是根据申报高新技术企业的情况安排高企培育资金预算，因而直接对应高新技术企业数的增加；科技计划项目资金资助在多数情况下相当于直接增加了受助对象的研发投入，进而引起高新技术产业产值和发明专利授权量的变化。因此，本书以高新技术企业数和研发投入作为中间变量，高新技术产业产值和发明专利授权量作为产出变量，建立网络 DEA 模型，对淮安市财政科技专项资金的效率进行评价，结果如表 5.3 所示。

表 5.3 网络 DEA 模型运行结果（淮安部分）

年份	投入导向			产出导向（非导向）		
	技术效率	纯技术效率	规模效率	技术效率	纯技术效率	规模效率
2013	0.7568	1.0000	0.7568	0.4719	0.8021	0.5883
2014	0.8448	1.0000	0.8448	0.5887	1.0000	0.5887
2015	0.8364	0.9560	0.8749	0.6315	0.6376	0.9905
2016	0.9687	0.9909	0.9777	0.7159	0.7214	0.9924
2017	0.9412	0.9848	0.9557	0.6863	0.6932	0.9900
2018	1.0000	1.0000	1.0000	0.8378	0.8469	0.9893

由表 5.3 结果可知，在将研发投入和高新技术企业数作为中间变量的情况下，淮安市财政科技专项资金依然在 2014 年达到了技术有效，但 2018 年只在投入导向下有效，在产出方面还存在一定的不足。其他年度依然存在投入冗余或产出不足，未达到技术有效。

（3）基于面板数据的 Malmquist 模型结果

前述两模型是将同一城市各年的数据当作截面数据处理并进行效率评价的，未考虑技术进步的影响。基于面板数据的 Malmquist 生产率指数模型，则可以对生产率变动情况及技术效率和技术进步各自对生产率变动所起的作用进行分析。为避免出现技术退步等不符合现实的情况，本书在对 Malmquist 模型的具体设置中选择"序列前沿单一参比（单一 TFP 指数）"，得到如表 5.4 和表 5.5 所示的结果。

表中，Score 表示技术效率值，Score 越大表示技术效率越高。MI 表示生产率指数，是时期 t 的生产率与时期 $t-1$ 的生产率的比值，大于 1 表示生产率提高，小于 1 表示生产率降低。MI 有 3 个来源：一是效率变化（Technical Efficiency Change, EC）；二是技术进步（Technological Change, TC）；三是规模效应（Scale Effect）。EC 大于 1 表示技术效率提高，小于 1 表示技术效率降低；TC 大于 1 表示技术进步，小于 1 表示技术退步。

表 5.4 投入导向的 Malmquist 模型运行结果（淮安部分）

年份	规模报酬不变				规模报酬可变			
	Score	MI	EC	TC	Score	MI	EC	TC
2013	0.8076				1.0000			
2014	0.9516	1.2460	1.1783	1.0574	1.0000	1.0000	1.0000	1.0000
2015	0.9379	1.0740	0.9856	1.0897	0.9802	0.9802	0.9802	1.0000
2016	0.9178	1.1323	0.9785	1.1571	0.9845	1.0236	1.0045	1.0191
2017	0.7726	0.9586	0.8419	1.1387	0.9646	0.9948	0.9797	1.0153
2018	0.8378	1.2207	1.0843	1.1258	0.9793	1.0217	1.0152	1.0064

表 5.5 产出导向的 Malmquist 模型运行结果（淮安部分）

年份	规模报酬不变				规模报酬可变			
	Score	MI	EC	TC	Score	MI	EC	TC
2013	0.8076				1.0000			
2014	0.9516	1.2460	1.1783	1.0574	1.0000	1.2442	1.0000	1.2442
2015	0.9379	1.0740	0.9856	1.0897	0.9412	0.9412	0.9412	1.0000
2016	0.9178	1.1323	0.9785	1.1571	0.9267	1.1314	0.9846	1.1492
2017	0.7726	0.9586	0.8419	1.1387	0.7793	0.9609	0.8410	1.1426
2018	0.8378	1.2207	1.0843	1.1258	0.8469	1.2216	1.0866	1.1242

由表 5.4 和表 5.5 结果可知，无论是投入导向还是产出导向，在规模报酬不变的假设条件下，淮安市 2013—2018 年财政科技专项资金的技术效率均小于 1，表明技术无效。但在规模报酬可变的假设条件下，2013 年和 2014 年达到了技术有效。同时，由 MI 值可知，在规模报酬不变的假设条件下，除 2017 年外，其余 4 年淮安市财政科技专项资金的生产率均在提高，且这种提高在 2014 年和 2018 年主要来自效率改善和技术进步，在 2015 年和 2016 年只来自技术进步。在规模报酬可变的假设条件下，淮安市财政科技专项资金的生产率在 2014 年、2016 年和 2018 年均有所提高，且这种提高除产出导向的 2016 年外，均来自效率改善和技术进步。

5.3.2 综合评分结果

综合评分法的项目绩效部分需要根据具体指标对其目标的完成情况进行计算，因而需要详细的目标值和完成值数据。通过查阅相关资料，我们发现淮安市科技创新产出指标很多都没有或未公开目标值，但这些指标对评价财政科技专项资金的绩效非常重要，因此采用以下估算方法。

①对于表中目标值或完成值缺失的指标，除数量明显减少的科技孵化器外，假设其他指标的目标均已实现，给予满分。

②服务对象满意度根据调研结果估算。在服务对象满意度调查中，

资金使用主体对淮安财政科技专项资金的资助方式和方法非常满意得5分、满意得4分、比较满意得3分、不满意得2分、非常不满意得1分。以非常满意、满意和比较满意的选择人数占总人数的比重为权重，乘以各自分值再加总得到服务对象满意度得分。

③项目产出成本根据淮安市2018年财政科技专项资金预算情况设置分值，根据对预算的完成情况计算得分，具体结果如表5.6所示。由于2018年重大科技成果转化计划、天使投资引导基金和科技成果转化风险补偿基金的预算为0，因此分值也设为0，即不作为2018年的绩效评价指标。

通过计算，淮安市2018年财政科技专项资金项目绩效部分得分如表5.7所示。由于此得分是在假定某些目标已实现的条件下得到的，因此为理想分数。

表5.6 淮安市2018年财政科技资金项目产出成本计算过程

类别	用途	分值	目标值	完成值	得分
科技计划项目资金	自然科学研究计划	1	186	186	1.00
	重点研发计划	1	464	409	0.88
	重大科技成果转化计划	0	0	0	0.00
	创新与服务能力建设计划	1	540	540	1.00
	软科学研究计划	1	30	30	1.00
	往年项目分年度拨款及验收后补助	1	950	814.1	0.86
创新绩效奖补资金	市科技创新券	1	250	109.455	0.44
	专利资助	1	777	776.83	1.00
	国家高企培育专项	1	635	595	0.94
	创新服务平台绩效评价后补助	1	595	783.38	0.68
	省企业研发投入普惠性财政奖励配套 其他政策性奖励	2	123	300	-0.88
科技金融引导资金	天使投资引导基金	0	0	0	0.00
	科技贷款贴息资金	1	400	369.2	0.92
	科技成果转化风险补偿基金	0	0	0	0.00
其他	重大科技活动专项资金	1	50	50	1.00
	合计	13	5000	4962.97	8.84

表 5.7 淮安市 2018 年财政科技资金项目绩效评价结果

三级指标	具体指标	分值	目标值	完成值	得分
产出数量（7）	新立项科技计划项目数 / 个	1		93	1
	新增高新技术企业数 / 家	1		32	1
	新增创新平台 / 家	1		68	1
	大中型工业企业和规模以上高新技术企业研发机构建有率 /%	1	88		1
	新增公共技术服务平台 / 个	1	2~4	1	1
	新增众创空间 / 家	1		7	1
	新增科技孵化器 / 家	1		-2	0
产出质量（13）	发明专利申请数 / 件	2		4746	2
	发明专利授权数 / 件	3		407	3
	万人发明专利拥有量 / 件	2	4	4.44	2
	突破关键技术难题 / 项	3		25	3
	省级以上科学技术进步奖 / 个	3		1	3
产出成本（13）	财政科技专项资金执行数 / 万元	13	5000	4962.97	8.84
经济效益（13）	全市研发投入 / 亿元	3	70	67	2.87
	全市研发投入占 GDP 的比重 /%	2	2.1	1.86	1.77
	高新技术产业产值 / 亿元	3	2000	2241	3
	高新技术产业产值占规模以上工业总产值的比重 /%	2	28	22.4	1.60
	技术合同成交额（或技术交易额）/ 亿元	3		11	3
社会效益（9）	产学研对接活动 / 次	1		20	1
	科技成果转化数 / 项	3		32	3
	大仪网入网仪器数 / 台（套）	1		104	1
	技术攻关同盟服务企业数 / 家	2		800	2
	科技扶贫脱贫农户数 / 名	2		100	2
满意度（5）	服务对象满意度	5			4.63
合计		60			53.71

通过综合评分结果可以看出，淮安市 2018 年财政科技专项资金的项目绩效得分约为 53.71（满分 60），整体不错。失分之处主要出现在科技孵化器、产出成本、研发投入、高新技术产业产值占规模以上工业总产值的比重和服务对象满意度上。2018 年，淮安市科技孵化器不增反减，由 2017 年的 17 个减少到 15 个；财政科技专项资金执行时超支和资金未得到充分利用并存，其中创新服务平台绩效评价后补助、省企业研发投入普惠性财政奖励配套和其他政策性奖励超支，重点研发计划、往年项目分年度拨款及验收后补助、市科技创新券、国家高企培育专项、科技贷款贴息资金未得到充分利用；研发投入及其占比和高新技术产业产值占比均未达到预期；服务对象即资金使用主体对财政科技专项资金的规模、资助方式和方法还存在一定看法，并非完全满意，不满意之处如表 5.8 所示。

表 5.8　服务对象对淮安市财政科技专项资金的不满意之处

资金规模方面	① 大型企业可获得的财政科技投入规模小，对企业科技创新意义不大； ② 中小微企业可获得的财政科技投入规模小，难以有效带动和激励企业科技创新； ③ 农业企业财政科技投入不足，不利于生态农业的发展； ④ 科技计划项目资助金额太少、程序规定太死板
资助方式方面	① 科技计划项目指南设定与企业需求不匹配，难以获得项目支持； ② 税收优惠多为高企享受，加计扣除条件普通企业难满足； ③ 中小微企业贷款不易，难以享受贷款贴息；无须贷款或以融资方式获得资金的企业无法享受贷款贴息； ④ 苏科贷有担保要求，对银行的选择有限制； ⑤ 科技创新券准备材料多，资助少，面太广，缺少实施细则，政策解读不到位，适用范围有限； ⑥ 科技人才资助方式不灵活，适用性和吸引力有限； ⑦ 成果转化项目因市场瞬息万变经济指标不易达成，影响验收资助； ⑧ 以订单确定制造计划的企业扶持方式的选择和考核有问题
投入效率方面	① 审批手续烦琐，要求材料过多，与所获资金不成比例； ② 拨付时间过长、中间环节过多，存在层层加码、分期再分期现象； ③ 区财政配套资金无法到位； ④ 设备投入未得到充分利用

续表

| 绩效考核方面 | ① 考核指标过于重视专利数量和销售、利税等经济指标，忽视社会效益指标；
② 考核过程烦冗，缺乏专业性 |

5.4 小结

利用数据包络分析法对淮安市2013—2018年财政科技资金的绩效评价结果表明，2014年财政科技资金效率最高，财政科技专项资金投入和科技创新产出之间达到最佳匹配；2018年财政科技资金效率较高，但存在一定的可提升空间。利用综合评分法对淮安市2018年财政科技专项资金的绩效评价结果进一步表明，淮安市财政科技专项资金在科学预算、有效利用、满足服务对象需求和最大化科技创新产出方面还存在一定问题，需要引起重视。

总体而言，财政科技资金作为推动科技创新的重要力量，在淮安实施创新驱动发展战略中发挥了重要作用。淮安的科技创新实力明显增强，获得财政科技资助的企业和科研人员对财政科技资金的满意度较高。

6 影响淮安市财政科技资金绩效的主要因素

从理论上讲,影响财政科技资金绩效的因素很多,有资金提供方即政府方面的,也有资金使用方即企业和科研机构方面的,还有中介机构、经济环境等其他多个方面的。本书围绕资金使用方对财政科技资金的需求和资金提供方对财政科技资金的供给中存在的问题,对影响淮安市财政科技资金绩效的主要因素进行分析。

在调查问卷中,有一个问题是关于影响财政科技资金绩效的因素,这个问题可以从侧面反映出被调查对象对资金提供方的期望或要求。问卷调查结果显示(表6.1),绩效考核指标的科学性是影响财政科技资金绩效最为重要的因素(得分4.71),之后依次是创新团队之间的合作(得分4.63)、科技创新服务能力的提升(得分4.61)、财政科技资金资助方式的多样性(得分4.61)和资助方法的灵活性(得分4.50)。这5个主要因素中,考核指标的设定、创新服务的提供、科技资金的安排均由资金提供方主导,创新团队之间的合作虽由创新主体或资金使用方主导,但资金提供方亦可在创新服务中为其提供相应帮助。因此,对于影响财政科技资金绩效的五大主要因素,资金提供方均负有重要责任。下面将围绕这些方面逐一展开,深入剖析影响淮安市财政科技资金绩效提高的原因。

6 影响淮安市财政科技资金绩效的主要因素

表 6.1 被调查对象认为影响财政科技资金绩效的因素

影响因素	很重要	重要	一般	不重要	很不重要	平均分
交流科技创新信息	18（47.37%）	16（42.11%）	4（10.53%）	0（0）	0（0）	4.37
分享科技创新成果	22（57.89%）	12（31.58%）	4（10.53%）	0（0）	0（0）	4.47
加强创新团队合作	24（63.16%）	14（36.84%）	0（0）	0（0）	0（0）	4.63
提高创新资源获取效率	20（52.63%）	15（39.47%）	3（7.89%）	0（0）	0（0）	4.45
提高科技创新服务能力	24（63.16%）	13（34.21%）	1（2.63%）	0（0）	0（0）	4.61
降低科技创新服务成本	16（42.11%）	19（50.00%）	2（5.26%）	1（2.63%）	0（0）	4.32
增加资助方式的多样性	24（63.16%）	13（34.21%）	1（2.63%）	0（0）	0（0）	4.61
提高资助方法的灵活性	21（55.26%）	16（42.11%）	0（0）	1（2.63%）	0（0）	4.50
提高绩效考核指标的科学性	27（71.05%）	11（28.95%）	0（0）	0（0）	0（0）	4.71

6.1 外在原因

6.1.1 考核指标设置欠科学

一是科技计划项目考核指标过于重视经济效益，忽视社会效益和生态效益，对科研可持续性、科技成果的二次创新水平和科技成果转化指标等重视不够，影响了科技创新主体的积极性，不利于形成高质量、高水平的科技创新成果。

二是对科技企业孵化器和众创空间等创新服务平台的考核还停留在只注重数量的阶段。对孵化出的科技企业发展情况如何、是否留在淮安、为淮安经济社会文化贡献多少等，缺乏持续跟踪和监督；对创新服务平台能否不依赖财政而持续正常运转，缺乏足够的重视。

6.1.2 科技创新服务待改进

一是财政科技资金名目多、负责部门多，增加了企业的信息成本。财政科技资金专项下设三大类资金，每种类别下又根据用途进行了细分，现又单独设立专利资助专项资金和科技成果转化专项资金。这些资金分别由科技局的不同部门负责，但非政府工作人员无法准确区分不同资金的用途和申请条件。这种信息不对称，增加了企业和科研人员选择合适项目的困难及获得财政科技资助的难度。

二是在信息化、网络化已充分发展的时代，财政科技项目仍需提交众多纸质材料，增加了重复工作量和时间成本，让很多企业和科研人员望而却步。

三是科技创新服务体系尚不完善。科技服务体系是运用技术和知识向社会提供研发设计、科研条件、创业孵化、技术交易、知识产权、投融资等专业化服务的各类科技服务机构、平台、网络与市场、政府构成的新型服务体系，通常包括科技信息服务、科技知识服务、科技人才服务、科技金融服务和科技平台服务等5个方面。目前，淮安对5个方面服务的服务主体、服务内容和服务方式等尚无明确指引，更未形成合力，增加了创新主体的搜寻成本和获得所需服务的难度。

四是科技创新服务多停留在完成任务阶段，主动为企业和科研人员服务的动力还不强。目前，科技创新服务多为发布科技信息、组织项目申报、解读科技政策、举办产学研对接活动等，多为自上而下的任务式行为，从企业和科研人员实际需求出发的、自下而上的反馈式行为还较少。这也是科技创新氛围不浓的一个重要原因。

6.1.3 资金资助方式需完善

一是部分财政科技项目条款设置不合理，导致同一对象同一年度获得多项财政科技资助，容易挤压其他企业的受助空间。由表6.2可见，无论是年营业收入 10 亿元以上还是 1 亿元以上，无论有无其他资助，企业都对科技创新券青睐有加。如果据此增加科技创新券的财政预算，则在财政科技资金总预算不变的条件下，其他资助方式的额度将被压缩，有可能影响财政科技资金引导作用的发挥。同时，旨在惠及更多（中）小微企业的科技创新券，可能成为大企业获得资助的常用方式，从而助长其懒惰性。财政科技资助，不只是为缺乏资金的企业助一臂之力，更是要引导和督促有实力、有能力的企业进行高质量创新。

表 6.2 淮安市年营业收入 1 亿元以上企业财政科技资助情况

企业名称	企业类型	资助类别
江苏共创人造草坪股份有限公司	大型	创新能力建设计划
江苏天士力帝益药业有限公司	中型/大型	科技创新券
江苏神华药业有限公司	中型/大型	重点研发计划+科技创新券
淮安万邦香料工业有限公司	中型/大型	专利资助+科技创新券
淮安市洪泽区锐步电子商务管理服务有限公司	微型/中型	科技政策奖补
江苏双环齿轮有限公司	大型	重大科技成果转化计划
江苏正大清江制药有限公司	中型/大型	科技创新券+专利资助+重大科技成果转化计划
江苏康乃馨织造有限公司	中型	创新能力建设计划
江苏金石机械集团有限公司	中型	创新能力建设计划
淮安正昌饲料有限公司	小型/中型	科技创新券+重点研发计划+科技成果转化计划+创新能力建设计划
江苏永安化工有限公司	小型/中型	创新能力建设计划
淮安麦德森制药有限公司	小型/中型	科技创新券
江苏禾裕泰化学有限公司	小型/中型	科技创新券+科技贷款贴息
江苏新源太阳能科技有限公司	小型/中型	科技创新券
江苏爱特福 84 股份有限公司	小型/中型	科技创新券
江苏麒祥高新材料有限公司	小型/中型	科技创新券+科技贷款贴息+重点研发计划
江苏华晨气缸套股份有限公司	小型/中型	创新能力建设计划

续表

企业名称	企业类型	资助类别
江苏天丰种业有限公司	小型/中型	科技创新券+科技服务超市+重点研发计划
江苏汉邦科技有限公司	小型/中型	科技创新券+科技贷款贴息
江苏爱吉斯海珠机械有限公司	中型	高企培育
江苏视科新材料股份有限公司	小型/中型	企业孵化器+科技成果转化计划+高企培育
江苏清陶能源科技有限公司	小型/中型	高企培育+重点研发计划
江苏金卫机械设备有限公司	小型/中型	创新能力建设计划+科技成果转化计划+重点研发计划

二是部分财政科技项目的资助方式未因地制宜，影响使用效果。例如，生物医药类企业创新产品复杂多样，有化学创新药、中药新药、仿制药，还有生物制品、医疗器械等。不同产品的分类标准、检验标准对财政科技资金的需求也有较大差别。但现有财政科技资金的资助方式并未区分这些不同，可能会导致有潜力的生物医药类企业或项目无法获得资助，不利于企业和产业的科技创新。

三是科技金融引导资金畸形发展，吸引社会资本的能力有限。金融要素扭曲对企业研发投入和创新成果具有抑制作用。现有科技金融引导资金中，只有科技贷款贴息正常运行，天使投资、科技成果转化风险补偿基金均无实质性进展。科技贷款贴息，对获得科技贷款的企业而言是锦上添花，于其他企业则无任何帮助，因而受惠范围有限。除科技贷款外，其他科技金融形式在淮安未推广开。调查显示，同一企业同一项目在苏州可以获得天使投资，在淮安则不行，这说明问题不在企业或项目本身，而在淮安的整体环境。一方面，淮安的科技金融服务整体处于中等偏下水平，金融机构数量少、产品少、效率低；另一方面，淮安的科技服务系统不完善，外界包括天使投资机构无法及时准确获知企业的相关信息，增加了供需双方对接的难度。此外，天使投资基金条款设置复杂、诚信体系建设滞后等，也会影响淮安科技金融的发展。

6.1.4 资金资助方法不灵活

一是财政科技资金资助金额的计算方式不科学，影响资金的高效利用。《淮安市市级科技计划专项资金管理办法》（淮财规〔2019〕1号）提出，"根据各类科技计划的不同特点及资助额度，财政科技专项资金采取立项时一次性拨付、分年度拨付和后补助等方式。市级预算单位可一次性申请全部用款计划，由项目承担单位自行选择支付方式并随时支付；市级非预算单位直接拨付到承担单位基本户"。但关于财政科技资金资助金额的具体计算方式并无明确规定，只依据所属类别或用途确定一个上下限，再根据申报者和评审专家的意见确定一个具体数额。企业自主创新成果转化奖补类项目"对企业未获立项、非规划创新而自行研发，并形成自主知识产权且成功转化的重点项目，通过评审后直接给予后补助支持"，但评审标准和资助金额如何确定尚缺少详细规定。

二是财政科技资金的拨付方式多样性不足，不利于资金的最大化利用。淮安市财政科技资金的拨付方式是依据资助类别事先确定好，要么前期一次性拨付，要么先拨50%其余后补助，要么完全后补助，申报者的选择性较少。

三是财政科技资金从立项到实际足额拨付间隔时间过长，不利于企业科技创新。调研结果显示，高校及科研院所的财政科技资金通常能及时足额拨付，时长1~2周；企业的财政科技资金拨付时间却不一定，有长有短，长者超过半年，且不一定是足额。承诺及时足额到位的财政科技资金，若不能及时足额到位，将增加受助者的焦虑感，不利于其安心进行科技创新。

6.2 内在原因

6.2.1 对资金使用方了解不够深入

企业和高校院所是淮安财政科技资金的主要使用方，但企业家和科研人员对创新的看法并不一致。科技界的创新是指科研中的新发现、新探索、新成果，这种创新耗时长但水平高；企业家眼中的创新是带来市场价值，即创新＝新＋市场价值，这种创新需要抓住市场机遇，因而耗时相对短，但水平亦有限。对创新的不同看法决定了企业和科研人员在创新投入和创新产出上的侧重点会有所不同，进而对财政科技资金的需求和运用会有较大差异。

调查结果显示，"资金"和"人才"是当前淮安市企业科技创新面临的最大困难，但同时，"缺乏创新氛围"和"创新激励不足"亦是影响其科技创新的重要原因。因此，创造一个良好的创新氛围和创新创业生态是满足企业和科研人员需求必不可少的环节。即使是需要资金的企业，其对资金的需求也存在多样性，如部分企业需要的是前期建设资金而非后期奖补，部分企业需要的是新的投融资渠道而非财政直接补贴。因此，在做财政科技专项资金预算时，需要仔细考虑该类项目针对的是哪个资金使用主体，该主体最需要或最期望的资助方式和方法是什么，该类项目的考核指标是否适合该主体、需不需要调整等。只有明确了不同资金使用主体的具体需求，才能相应制定出科学合理的财政科技资金预算。

此外，淮安市企业科技创新主要在技术领域，其次是管理领域；技术创新主要依靠自主研发和引进新技术；产品创新以中游产品为主，其次是下游，上游产品创新较少。这些特点会在一定程度上影响科技创新成果的数量和质量。

6.2.2 对创新驱动发展理解不到位

《国家创新驱动发展战略纲要》（2016年）指出，创新驱动发展是"使创新成为经济发展的第一动力，包括科技、制度、管理、商业模式、业态和文化等多方面创新的结合，推动经济发展方式转向依靠知识、技术与劳动力素质提升，使经济形态更高级、分工更精细、结构更合理"。

要实现创新驱动发展，需要推动全面创新。工业时代的创新主要是科技创新，核心是研发活动。新一轮科技革命和产业革命推动的智能时代，创新虽仍以研发为核心，但不限于研发。从创新投入来看，创新是一种由研发资本、知识资本、催化资本组成的"三角形"结构；从创新内容来看，创新是一种由以科技为基础的创新和以知识为基础的创新组成的"软硬"复合结构。因此，创新除了研发这种形式，还包括创意、设计、标准、品牌、大数据、经营管理、市场开发及科技金融等形式。

创新驱动发展的实质是通过科技创新实现经济发展的动力转换，创造出新的增长点。而要把创新成果变成实实在在的产业活动，必须做到"三要""四对接"。"三要"就是市场要活、创新要实、政策要宽，要靠市场发现和培育新的增长点，要面向经济建设主战场和民生建设大领域进行科技创新，要营造有利于大众创业、市场主体创新的政策和环境。"四对接"是指科技要同经济对接、创新成果要同产业对接、创新项目要同现实生产力对接、研发人员创新劳动要同其利益收入对接，形成有利于产出创新成果和创新成果产业化的机制。

目前，淮安的创新主要聚焦于经济领域和科技创新，对民生领域和其他创新形式重视程度不够，尚未形成有利于创新的氛围和机制。

6.3 小结

企业和科研人员是淮安科技创新的主体，尤其是企业，财政科技资金的规模、资助方式和方法能否令他们满意、能在多大程度上满足他们的需求、能否充分调动他们创新的积极性等，对财政科技资金的绩效有重要影响。目前，淮安财政科技资金的规模和扶持方式还存在诸多不完善之处，在考核指标上过于重视经济效益和科技创新产出规模，在营造良好的创新创业生态和提供优质高效的创新服务等方面还存在不足。同时，财政科技投入与企业需求存在一定程度的脱节，处于创新驱动转换阶段却过高估计科技创新的影响而忽视其他创新的作用，这些均在一定程度上影响了财政科技资金的扶持效果。

7 典型城市经验借鉴

2008年，深圳成为首个国家创新型城市试点，2010年，青岛、南京、苏州成为第二批国家创新型城市试点。2014年6月，深圳成为首个以城市为单元的国家自主创新示范区。2014年11月，包括南京、苏州在内的苏南国家自主创新示范区成立。2016年4月，包括青岛在内的山东半岛国家自主创新示范区成立。创新型城市试点以实施创新驱动战略为导向，旨在探索有效的创新驱动模式、促进新增长极的形成和自主创新能力的提升。国家自主创新示范区的主要功能是着力实施创新引领战略。

深圳、青岛、南京、苏州既是国家创新型城市试点，又是国家自主创新示范区的一部分，在建设国家创新型城市、实施创新驱动发展战略的过程中积累了许多宝贵经验。目前，淮安人均GDP水平相当于2008年的深圳和苏州、2011年的南京和青岛，科技创新水平刚刚进入创新驱动转换阶段。通过总结4市科技创新扶持政策及财政科技资金在科技创新中的作用方式，可为淮安缩短创新驱动转换阶段时间、早日进入创新驱动发展阶段、建成国家创新型城市提供帮助。

7.1 深圳

深圳是践行国家创新驱动发展战略的典型，形成了独特的"深圳模式"。深圳创新活动的起点在企业，环境是市场，企业产品在开发过程中形成对技术的需求，并将这种需求向创新链的上游传递，通过产学研合作的方式实现创新的目标。创新与创业、创投形成"铁三角"，实现了技术创新与金融创新的"双轮驱动"。2018年，深圳在全国率先实施重大科技项目评审专家"主审制",初步建成政务信息资源共享平台和公共基础信息资源库,并对多个科技创新政策文件进行修订,以进一步推动科技创新。《中国城市创新竞争力发展报告2018》显示,深圳综合创新竞争力在全国排名第3位,创新产出竞争力排名全国第1位。

7.1.1 深圳科技创新概况

（1）科技创新定位

现代化国际化创新型城市,国际科技产业创新中心。深圳一直以来非常重视产业发展,有明确的产业发展规划。新一代信息技术产业2009年、文化创意产业2012年、互联网产业2017年增加值均超千亿元,并于2015年开始重点发展新材料产业、生物产业、新能源产业、节能环保产业、海洋产业和航空航天产业,2016年开始重点发展机器人、可穿戴设备和智能装备产业、生命健康产业。目前,深圳已成为中国战略性新兴产业规模最大、集聚性最强的城市,形成了从原材料到生产组装完整的创新产业链。

（2）科技创新特点

一是由政府机构、服务体系、政策体系、科研院所和创新企业共同组成自主创新模式,从应用技术创新转向关键技术、核心技术、前沿技术创新。二是以基础研究为引领、产业及市场化为导向,企业为主体的开放合作、民办官助为特色的创新载体体系;以重点实验室为核心的基础研究体系,以工程实验室、工程中心、技术中心组成的技术开发创新体系;以科技创新服务平台、行业公共技术服务平台组成的创新服务支撑体系,共同构成深圳科技创新体系的三大支点。三是技术创新体系形成了"6个90%"的创新特点:90%以上的创新型企业是本土企业,90%以上的研发机构设立在企业,90%以上的研发人员集中在企业,90%以上的研发资金来源于企业,90%以上的职务发明专利出自于企业,90%以上的重大科技项目发明专利来源于龙头企业。

7.1.2 深圳财政科技资金特色

（1）资金类型

深圳用于支持科技创新的财政资金包括科技研发资金、孔雀计划专项资金、国家科技重大专项地方配套资金、战略性新兴产业专项资金、未来产业专项资金、十大专项资金、创客专项资金、科学技术奖奖金、超算中心资助资金等。其中,"深圳市科技研发资金"2019年前是指在市级财政产业发展专项资金中安排的,专项用于基础研究、前沿技术研究、社会公益研究、重大共性关键技术研究开发等公共科技活动,以及促进高新技术产业技术创新和技术转移的资金。2019年开始是指专项用于基础研究、技术研发、成果产业化及其他提升科技创新能力等活动的资金,适用于基础研究专项(自然科学基金)、平台和载体专项、人才专项、创新创业专项和协同创新专项等领域。深圳鼓励企业、社会组织设立科研基金会,通过接受社会捐赠、设立联合基金等方式筹集基础研究经费,引导大型企业、民间资本投向基础研究领域(表7.1)。

表 7.1 深圳市科技研发资金支持范围及方式

支持范围	支持方式
科技创新理论、战略、路径与方法研究; 基础自然科学研究、前沿技术应用研究、社会公益性科技研究; 高新技术产业、战略性新兴产业技术创新,基础研究、应用研究和试验发展等研发活动; 高新技术产业、战略性新兴产业的科技成果产业化和技术转移; 科技基础设施配套及重大科技专项研发; 自主创新基础能力建设; 创新、创业、创客等相关的研发活动; 与增强深圳城市科技创新能力与可持续发展相关的其他活动	**2019年前:** 无偿资助,包括在项目完成前根据资金计划事前补助和在项目完成后根据项目成本费用给予事后补贴两种形式; 奖励,资金主管部门在立项时与项目承担单位约定项目绩效目标和奖励金额,根据约定目标达成情况给予资金奖励; 投融资资助,对企业为自有科技项目的借贷、发债、保险、融资担保、设备融资租赁、股权融资等投融资活动,通过委托借款、贴息、担保费补贴、股权投资等科技与金融结合的方式予以资助; 市政府批准的其他方式 **2019年开始:** 事前资助,按照项目合同书或者任务书要求使用资金; 事后补助,项目申请单位已先行投入资金开展工作,市科技行政主管部门对其研发费用、绩效进行审计或评估,并给予财政资金相应补助; 奖励补助,对项目申请单位已经完成的研发工作、获得的科研成果或达到的技术水平,进行审核或认可,给予奖励补助;对项目申请单位获得国家、省科技计划资助或国家级科技奖励,给予奖励或配套补助;对符合条件的创业资助项目给予创业补贴; 市政府批准的其他方式

（2）扶持方式

深圳财政科技资金的扶持方式主要有无偿资助、补助（事后补助、奖励性补助、绩效后补助）、科技创新券、税收优惠、产业投资基金、政府风险缓释基金、悬赏、投融资资助（委托借款、贷款贴息、债券贴息、担保费补贴、股权投资等）。

对于无偿资助类项目和奖励类项目，项目立项按照科技部门发布指南、项目单位自愿申报、科技部门受理并组织评审考察及相关审核工作、财政部门合规性复核、科技部门向社会公示、两部门联合审定立项的程序审批。

对于投融资资助类项目，由项目申报单位负责编制科技项目投融资计划，报市科技部门审定后，与金融机构在市科技部门和市财政部门规定的框架下自主商定融资方式和融资金额，并根据实际融资情况提出资金申请，两部门联合审定后立项。

市科技部门可组织专家评审或专业机构审计、检测。市财政部门可按要求在立项审核时委托会计师事务所对专项资金的申报和使用情况进行鉴证监督。

7.1.3 深圳财政科技资金运用及管理特点

自2006年开始，深圳每年的R&D投入强度都在2%以上，2017年已高达4.34%，远高于中国平均水平，为科技创新提供了资金保障。深圳的科技投入快于经济发展，如以人均GDP算，深圳2008年才进入创新驱动转换阶段，但其研发投入强度在2006年以前即已进入创新驱动转换阶段。同理，深圳进入创新驱动发展阶段的时间也是研发投入强度早于人均GDP，说明科技投入在推动深圳实现创新驱动发展中发挥了引导作用（表7.2）。

表 7.2 深圳科技投入

年份	财政科技支出/亿元	全社会R&D经费支出/亿元	全社会R&D投入强度/%	财政科技支出占研发投入的比重/%	财政科技支出占一般公共预算支出的比重/%	人均GDP/美元
2006		131.81	2.23			8637
2007	50.03	156.46	2.26	31.97	6.87	9947
2008	54.68	197.18	2.48	27.73	6.15	11 657*
2009	79.16	279.71	3.30**	28.30	7.91	12 735
2010	116.66	333.31	3.33	35.00	9.21	14 416
2011	70.49	416.14	3.52	16.94	4.43	17 113**
2012	79.27	488.37	3.67	16.23	5.05	20 121
2013	132.98	584.61	3.90	22.75	7.86	22 493
2014	94.57	640.07	3.89	14.78	4.37	25 017
2015	214.32	732.39	4.07	29.26	6.09	26 106
2016	403.52	842.97	4.20	47.87	9.58	25 963
2017	351.83	976.94	4.34	36.01	7.66	27 184
2018	555.00	1017.32	4.20	54.55	12.96	29 217

注：*表示进入创新驱动转换阶段；**表示进入创新驱动发展阶段。下同。

深圳市财政科技资金的主要特点有以下几个方面。

①技术研究与开发支出占据绝对主导地位，产业技术研究与开发、技术创新服务体系、科技重大专项均为重点投入方向（表7.3）。近年来，深圳加大科技研发、战略性新兴产业、未来产业、软件产业和集成电路设计产业专项资金投入，将50%以上资金投入前沿技术、共性技术和核心技术项目攻关；实施新型产业专项扶持计划，每年安排50亿元财政资金对创新载体建设、新产品应用示范和高新技术产业化进行支持。从2018年起，深圳市每年安排不少于30%的财政科技专项经费用于基础研究和应用基础研究，同时积极争取和布局国家实验室、国家重点实验室、大科学装置，为一流人才的科研攻关和技术创新搭建更好的平台。2019年，深圳市财政科技研发资金预算规模123亿元，与2015年相比，增长超5倍。其

中基础研究安排 45.36 亿元，占科技研发资金的比重为 36.87%。

表 7.3 深圳市科创委部门财政拨款支出（预）决算表

功能科目名称	项目支出金额/万元			
	2018（预）	2017（决）	2016（决）	2015（决）
科学技术支出		490 310.48	476 270.80	173 787.45
科学技术管理事务		4484.85	4375.19	10 942.52
其他科学技术管理事务支出	3800	2831.37	2909.29	9323.95
基础研究		2100.00	1340.00	640
自然科学基金		2100.00	1340.00	640
应用研究		6837.00	7550.00	190
社会公益研究		2237.00	650	120
高技术研究				70
其他应用研究支出		4600.00	6900.00	
技术研究与开发		376 506.42	324 267.98	87 826.2
应用技术研究与开发		300	2900.00	6579.28
产业技术研究与开发		7886.72	7688.66	16 743.16
其他技术研究与开发支出	710 970	368 319.69	313 645.32	64 503.76
科技条件与服务		7934.56	14 996.40	21 592.4
技术创新服务体系		1569.17	2748.09	10 382.03
科技条件专项		4190.00	10 000.00	
其他科技条件与服务支出	10 000	2175.39	2248.31	11 210.37
社会科学		7650.00		16 000
其他社会科学支出		7650.00		16 000
科技交流与合作				100.2
其他科技交流与合作支出				100.2
科技重大项目		25 085.20	13 911.00	3332

续表

功能科目名称	项目支出金额 / 万元			
	2018（预）	2017（决）	2016（决）	2015（决）
科技重大专项	53 000	25 085.20	13 911.00	3332
其他科学技术支出		59 712.45	109 830.23	33 164.14
科技奖励	9730	11 400.00	2020.00	2256
其他科学技术支出	7888	48 312.45	107 810.23	30 908.14
合计	994 375	644 061.58	585 579.06	186 067.11

②围绕"知识创新、技术创新、转化应用、环境建设"的创新链，设置科技计划（专项、基金等）业务专题、创新业务内容。深圳市科技计划项目分为知识创新计划、技术创新计划、协同创新计划、创新环境建设计划和科技应用示范计划等几大类；设立高等院校稳定支持计划、技术转移和成果转化项目、可持续发展科技专项、科技重大专项和创客专项等不同项目。

③支持方式多元化。对基础前沿、公益性、重大共性关键技术研究等市场不能有效配置资源的公共科技活动，以政府无偿资助为主；对市场化特征明显的企业技术创新和科技成果转化项目，通过科技金融结合、普惠性补助、事后奖励等方式支持。事后奖励多与绩效评估结果挂钩。2019年开始，深圳为加强基础科学研究，对高等院校课题实行"资金切块、自主立项"，对基础科研机构经费实行"财政支持＋社会筹资"。

④专项资金项目审核专业机构管理。融资风险分担、融资成本补偿类资金，由社会金融机构负责融资项目审核管理；公共服务平台、创新载体、科技基础设施、关键共性技术研究类资金，逐步由法定机构管理；基础研究、应用基础研究、公益性研究等类资金，探索设立自然科学基金，注重同行评议和专业机构意见，按自然科学基金分配管理。

⑤财政科技资金的杠杆效应明显，通过创新科技金融服务模式带动社会资本参与科技创新。深圳已建立起适应创新发展需求的金融支持体系，成为全国本土创投最活跃、创投机构数量最多、管理本土创投资本总额最

多、创业氛围最好的地区之一,形成风险投资到创业板完整的"创投资本链"。

7.1.4 深圳财政科技资金使用效果

2018年,深圳全社会研发投入超过1000亿元,占GDP比重达4.2%,居全球前列;PCT国际专利申请量达1.8万件,连续15年居全国首位;战略性新兴产业增加值增长9.1%,高新技术产业增加值8296.63亿元,增长12.73%,成为全国一面旗帜;获中国专利金奖4项、国家科技奖16项、何梁何利基金科学与技术进步奖1项,科技创新成果水平较高。截至2018年年末,深圳累计建成各类重点实验室、工程实验室等2196家,其中国家级116家,省部级593家,总数比2012年增长2倍(表7.4)。

表7.4 深圳市财政科技资金使用效果

年份	高新技术产业产值/亿元	占规模以上工业总产值/%	工程技术研究中心/家	企业技术中心/家	工程中心(实验室)/家	省级以上重点实验室/家	公共技术服务平台/家	科技孵化器/家
2010	10 176	54.93	117	87	39	15	52	18
2011	11 876	58.13	133	112	87	24	71	20
2012	12 932	60.53	163	136	171	28	96	20
2013	14 160	61.31	212	162	235	29	112	48
2014	15 560	62.80	224	192	272	30	124	70
2015	17 297	67.72	286	214	331	36	136	70
2016	19 222	70.43	323	236	437	38	144	90
2017	21 379	66.56	422	238	466	38	166	116
2018	23 872	68.99		262	757	50	169	

7.1.5 深圳经验总结

深圳是我国最早进入创新驱动转换阶段(2006年)的城市和最早进入创新驱动发展阶段(2011年)的城市之一。自2014年以来,深圳每年投入GDP 4%以上的研发费用用于扶持科技创新,通过改革科技研发资金投入方式激发企业创新活力。

优越的地理位置、雄厚的经济实力、大量的研发投入、海量的科技型企业、丰富的政策福利等为深圳科技创新提供了重要基础，但在分析深圳科技创新的成功经验时，有几点让人印象非常深刻。

（1）财政与金融的深度融合

众所周知，财政资金是支持科技创新的主要渠道，但财政资金规模毕竟有限，各地财政收入能力又千差万别，单纯依靠财政资金支持科技创新既不现实又不可持续。充分发挥财政资金的引导功能，通过与金融结合吸引更多社会资本投入，才是科技创新拥有源源不断的资金来源、能够持续长久进行的主要方式。深圳财政服务科技金融的模式为各地提供了宝贵经验（图 7.1）。

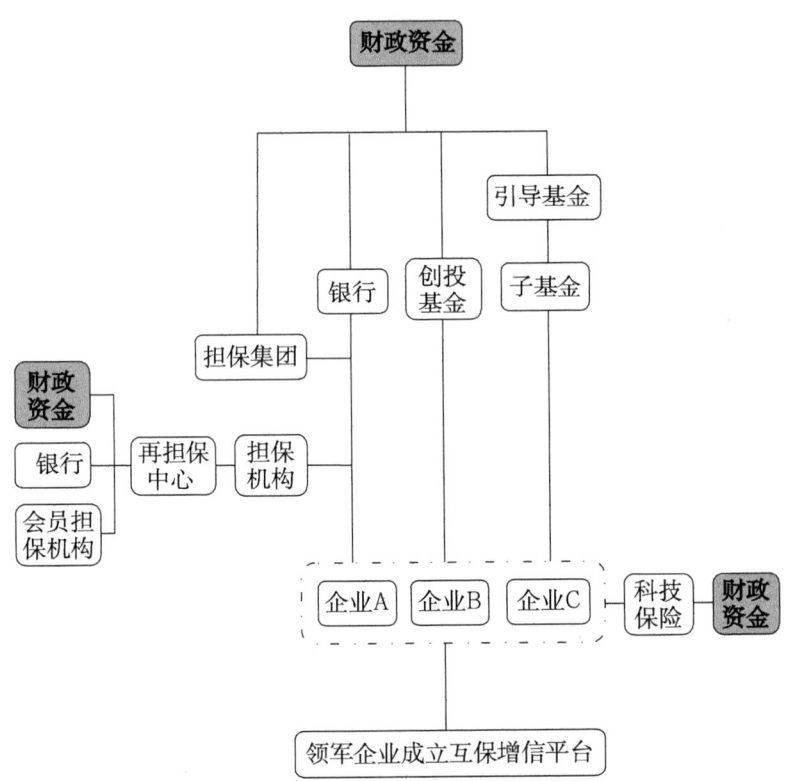

图 7.1　深圳市政府科技金融服务主要模式

深圳市政府科技金融服务模式主要有以下几点。

①财政资金通过银行委托贷款，同时杠杆撬动银行资金再提供给企

业，代表模式是 Z2Z 科技银行联盟。2014 年，由深圳科技创新委员会与中国建设银行成立的 Z2Z 科技银行联盟，为国家高新技术企业提供从融资到融智的一体化综合金融服务，打造了涵盖"六大创新产品、六项特色服务"的综合金融服务方案。加入 Z2Z 科技银行联盟的企业可享受到用知识产权质押、凭纳税记录和新三板股份等资源申请建行贷款等方面的特别待遇。

②财政资金设立政策性创业投资机构，参股初创期和早期的科技类企业，代表模式是深圳高新投集团。高新投主要有两大块业务：担保和创业投资。通过创业投资与融资担保的结合，以投保联动的方式支持小微科技企业的发展，打造从企业初创期到 IPO 的完整融资服务链条。

③财政资金通过设立引导基金发挥杠杆作用，吸引社会资本投资到创新创业企业之中，代表模式是深圳创业投资引导基金。深圳创业投资引导基金主要引导社会资本投向生物、互联网、新能源、新材料、新一代信息技术和文化创意等战略性新兴产业中的初创期、早中期创新型企业，并以母基金的方式运作，不直接从事创投业务。由引导基金参股的创业投资子基金，其发起设立或增资、投资管理、业绩奖励等按照市场化方式独立运作。

④财政资金设立担保集团，为符合条件的中小企业向银行申请贷款提供担保，增加企业资信，代表模式是深圳中小企业信用融资担保集团。深圳市中小企业信用融资担保集团除了为中小企业从银行取得信贷提供担保之外，还为中小企业集合债发行提供担保，并通过保函担保、财政专项资金无息借款担保等方式解决中小企业融资难问题，搭建起中小企业与银行之间的融资桥梁。

⑤财政资金与银行及其他担保机构共同出资，设立再担保中心，为担保机构提供信用再担保，代表模式是深圳中小企业信用再担保中心。深圳市中小企业信用再担保中心受托管理政府再担保资金，对会员担保机构符合条件的担保业务提供信用再担保，并建立由担保机构、银行和政府逐级分担小额短期贷款风险的机制，缓解中小企业短期资金需求担保难、贷款

难问题。

⑥财政资金为保险公司的科技保险产品提供保费资助，科技保险产品则为科技企业的知识产权、产品研发、成果转化等风险提供保障。深圳保监局与深圳科技创新委合作，对高新技术企业购买创新科技保险产品予以保费资助，同时推动保险机构为高新技术企业开发知识产权保险、产品研发责任险、关键研发设备险、成果转化险等创新保险产品。

⑦财政资金出资鼓励领军民营企业共同设立企业互保增信平台，对"民营领军骨干企业"采取企业有限互保、政府有限补偿、银行自担风险模式解决中长期贷款融资问题。

⑧财政资金出资建设创业投资服务广场等行业交流平台，吸收和引进专业风险投资基金，政府科技扶持基金，券商投行部和非上市业务部，产权交易所，评估、会计、律师事务所及担保、信用、专利服务中介机构等，为处于不同成长阶段的中小科技企业和初期创业者提供资本服务。

（2）依创新链设计的财政科技扶持链

深圳的科技计划（专项、基金等）围绕"知识创新、技术创新、转化应用、环境建设"这一创新链而设置，再针对创新链的每个环节进一步细化计划项目并设计扶持方式，具有较强的系统性。某些项目的扶持方式受助者享有一定的选择权，既体现了对受助者的尊重，易调动受助者的积极性，又有助于提高项目验收合格率。

（3）与时俱进的财政科技扶持政策

深圳缺乏大院大所名校，人才资源与国内外很多大城市相比先天不足，但深圳的创新驱动战略很成功，关键在于很好地发挥了政府和市场在资源配置上的作用。深圳出台了很多政策，在引进人才、鼓励创新、培育战略性新兴产业等方面不遗余力，为创新发展营造了良好的生态环境。纵观2008—2018年深圳市出台的与科技创新有关的政策，可以发现这样一条脉络：产业发展规划先行，产业发展政策随后，专项资金管理办法适时跟进并越来越细化。由此可见，为建设国际产业创新中心，深圳从10年前就已开始布局，并根据形势变化及时出台或调整相关政策，为深圳科技创新保驾护航。

总之，深圳创新发展得益于开放、包容、多元的创业文化，各类创新创业人才的集聚，科技创新与金融创新的深度融合，以企业为主体、产学研一体化的创新模式和良好的创新环境。以企业为主体、以市场为导向、产学研一体化的自主创新模式，能有效避免科技和经济"两张皮"的问题。

7.2 青岛

青岛以品牌经济的成功打造闻名于国内外。20世纪80年代末90年代初，青岛的品牌战略推动一批企业积极引进国外先进技术，提高产品水平和技术含量，以品牌创新的方式为青岛工业的转变积蓄了最初的内生动力。近年来创新驱动发展战略的实施，又为青岛品牌经济的发展提供了新动力和新活力。目前，青岛已有世界名牌两个、中国名牌68个、山东名牌和青岛名牌近1500个，品牌经济总量占全市工业经济"半壁江山"。《中国城市创新竞争力发展报告2018》显示，青岛综合创新竞争力在全国排名第14位。其中，创新基础竞争力和创新可持续发展竞争力分别居第13位和第16位。

7.2.1 青岛科技创新概况

（1）科技创新定位

创新之城、创业之岛、创客之都。

（2）科技创新特点

一是通过"中科系、高校系、企业系和国际系"4条主线引进建设高端研发机构，集聚高端人才，促进产学研合作，带动新兴产业发展。二是出台国内首个地方服务规范，打造市场化科技评价服务青岛模式，有效推动技术转移和科技成果转化。率先在全国发布科技成果评价、科技成果挂牌交易、科技成果拍卖、技术合同认定登记等4项地方服务规范，强化技术评价为技术转移的专业服务支撑。三是在8个区市试点建设科技金融分中心，设立孵化器种子基金、天使投资基金和产业基金，开创科技金融投保贷联动业务模式，建设专利权质押保险贷款共保体，积极发挥科技金融对科技创新的推动作用。

7.2.2 青岛财政科技资金特色

（1）资金类型

包括科学技术专项资金、自主创新重点专项资金、公共研发平台建设专项资金、仪器共享专项资金、国际科技合作专项补助资金、科技保险专项资金、科技金融专项资金、风险补偿补贴专项资金、高新技术企业认定专项补助资金、技术转移专项补助资金、中央引导地方科技发展专项资金、十大科技创新中心建设专项资金、小微企业创业创新基地城市示范专项资金、专利专项资金、专利运营引导资金、知识产权运营服务体系建设专项资金、创业孵化与投资基金、天使投资引导资金等。其中，"青岛市财政局科学技术专项资金"是指为推动科技事业发展，由市财政从年度预算中安排的专项资金，用于支持科技创新基础设施及重大项目建设、科技条件平台建设与运行保障、科技成果转化、科技人才队伍建设、国际科技合作、关键技术攻关、社会公益类技术研究与应用基础研究、知识产权运用和保护等，以及市委、市政府确定实施的其他科技创新工作。

（2）扶持方式

包括无偿拨款、高企认定补助、技术转移补助、知识产权补助、企业研发投入奖励、大型科学仪器共享研发项目奖励、科技保险业务绩效奖励、补贴、贷款贴息、专利权质押保险贷款资助、联合担保、信用互助担保、科技创新券、注资参股等。

①前资助。主要用于支持竞争前技术、行业共性技术、决策咨询与创新研究、社会事业与民生保障、科技公共服务平台及前沿性、民生类、公益性研发类科技计划项目。

②后补助。主要用于项目承担单位先行自筹资金开展科研活动，取得成效经评估或认定后给予财政资金补助项目、科技成果转化类后补助项

目，以及鼓励企业自主投入、科技专项资金事后补助的科技计划项目。

③以奖代补。对政策兑现类科技计划项目主要采取奖励方式予以支持。

④股权投资与基金。主要用于支持具有良好发展前景的创新创业项目或者中试及产业化企业项目，通过股权投资或基金形式进行科技资金投入。

后补助、以奖代补等政策兑现类计划项目，以及十大科技创新中心建设、高端研发机构引进和公共研发平台建设等资金管理，依据各专项管理办法规定执行。对于支持资金数额较大的项目，可采取一次预算分期拨付的方式，原则上在计划任务书签订后首次拨付比例不超过资助额度的60%，根据项目实施进展、中期检查情况或验收结果拨付剩余资金。

7.2.3 青岛财政科技资金运用及管理特点

青岛的科技投入规模逐年增长，但其投入强度呈 U 形变化趋势。2005 年甚至更早，青岛的 R&D 投入强度已高于 2%，进入了创新驱动转换阶段。但 2005—2008 年，研发投入强度逐年下降，2009 年开始才止跌回升。直到 2012 年，青岛才进入创新驱动发展阶段。与深圳相同，青岛以人均 GDP 衡量进入创新驱动转换阶段和创新驱动发展阶段的时间也晚于科技投入强度，说明科技投入在实现创新驱动发展中依然发挥了引导作用，但作用效果不明显（表 7.5）。

表 7.5 青岛科技投入

年份	财政科技支出/亿元	全社会 R&D 经费支出/亿元	全社会 R&D 投入强度/%	财政科技支出占研发投入的比重/%	财政科技支出占一般公共预算支出的比重/%	人均 GDP/美元
2005		62.49	2.33			3997
2006		69.96	2.20			4784
2007		76.86	2.05			5759
2008	10.02	86.88	1.97	11.53	2.71	7160
2009	10.90	96.70	1.99	11.27	2.51	8374
2010	9.87	124.47	2.17	7.93	1.85	9641

续表

年份	财政科技支出/亿元	全社会R&D经费支出/亿元	全社会R&D投入强度/%	财政科技支出占研发投入的比重/%	财政科技支出占一般公共预算支出的比重/%	人均GDP/美元
2011	16.12	164.31	2.44	9.81	2.45	11 599*
2012	17.29	190.45	2.57**	9.08	2.26	13 343
2013	25.93	218.73	2.68	11.85	2.56	14 528
2014	27.01	244.29	2.76	11.06	2.51	16 000
2015	28.58	263.71	2.78	10.84	2.34	16 765
2016	24.14	286.37	2.81	8.43	1.78	16 771
2017	38.59	307.09	2.78	12.57	2.75	17 678**
2018	45.15	307.10	2.79	14.70	2.89	19 412

青岛财政科技资金的特点主要有以下几点。

①技术研究与开发支出占据绝对主导地位，且由以产业技术研究与开发为主转变为以应用技术研究与开发为主；2015年有重点实验室及相关设施支出（表7.6）。

表7.6 青岛市科技局部门财政拨款支出（预）决算表

功能科目名称	项目支出金额/万元				
	2019（预）	2018（预）	2017（决）	2016（决）	2015（决）
科学技术支出	32 192.9	4347.09	7277.65	5105.54	20 132.56
科学技术管理事务					804.98
其他科学技术管理事务支出		2135.32			115.1
基础研究					141.75
重点实验室及相关设施					141.75
应用研究					
其他应用研究支出			147		
技术研究与开发	32 192.9		6961.27	4962.16	10 674.16

续表

功能科目名称	项目支出金额/万元				
	2019（预）	2018（预）	2017（决）	2016（决）	2015（决）
应用技术研究与开发	32 192.9		6961.27	4962.16	4783.84
产业技术研究与开发					5890.31
科技条件与服务			316.38	143.37	189.34
科技条件专项			37.96	133.94	168.08
其他科技条件与服务支出			278.42	9.43	21.27
其他科学技术支出					8322.33
其他科学技术支出					8322.33
合计	32 222.9	5676.16	12 749.94	5130.05	20 143.38

②科技创新专项资金包含人才发展专项资金和知识产权专项资金。2015年的科技专项资金主要用于公共研发平台与孵化器建设、高端研发机构引进、中小企业创新能力提升和科技中介机构培育等，重点保障公共创新资源建设，公共创新资源投入占科技专项资金比例达70%以上（表7.7）。

表 7.7 青岛财政科技专项资金　　　　　　单位：万元

序号	计划名称	项目名称	2015年	2016年	2017年	2018年
1	产业培育计划	千帆计划专项	9738	5910	19 215	24 782
2		自主创新（重大）专项	6535	5116		4307
3		科技惠民专项	1020	1329	1968	2276
4		科技创新中心专项			4959	
5	源头创新计划	高端研发机构引进专项	5500	9500	7300	7900
6		人才发展专项	2105		9260	8695
7		应用基础研究项目	1400	5715	1982	
8	科技服务计划	创新平台专项	12 438	12 292	5549	3574
9		科技金融专项	16 300	1200		1316
10		知识产权专项	3190	4923	5199	6250

续表

序号	计划名称	项目名称	2015年	2016年	2017年	2018年
11	科技服务计划	创新孵化专项			2019	
12		促进科技成果转化技术转移专项	4409	3101	891	
		合计	62 636	49 085	58 343	59 100

③科技计划体系系统性、稳定性较强。自主创新计划、科技创新平台建设计划、产业培育计划和民生科技计划自2013年一直延续至今，如今分属于三大类计划的11个项目之中。

④科技惠民专项较早关注节能环保、环境治理和技术标准等领域，新近增加对口支援和科技帮扶，既有前瞻性又有普适性。

⑤财政科技支持方式多元，综合采用"拨、投、贷、补、奖、买"等方式支持科技创新。"拨"指无偿资助，主要支持应用基础和公益类科研项目等。"投"指股权投资，设立天使投资基金、成果转化基金等各类科技风险投资基金，支持初创企业"首投"。"贷"指科技信贷，设立科技信贷风险补偿准备金池和贷款贴息专项资金，支持初创企业"首贷"。"补"指事后补助，主要对技术交易、知识产权、创业孵化和研发投入等进行后补助。"奖"指奖励，主要对各类创新平台予以奖励。"买"指政府购买服务，主要购买成果评价、科技和专利文献、大型仪器设备共享等公共服务，降低企业创新创业成本。2015年，青岛市科技局建立财政科技投入与社会资金搭配机制，撬动各类社会资本共同支持科技创新。同时放大财政科技资金使用效益，成立政策性科技资本运营平台——青岛高创科技资本运营有限公司，建立财政科技资金管理、国有资本运营、混合所有制实体运作的三层架构科技金融体系。对于具有良好发展前景的创新创业项目或者中试及产业化企业项目，通过股权投资或基金形式进行科技资金投入。

⑥财政科技资金在推动科技金融发展、提高科技服务能力方面发挥了重要作用。科技服务模式和科技报告制度值得学习。

7.2.4 青岛财政科技资金使用效果

2018年，青岛市获得国家级科技奖励14项，技术合同交易额155.8亿元，每万人有效发明专利拥有量28.5件。拥有国家知识产权示范企业10家，国家知识产权优势企业60家，国家技术创新示范企业14家；国家企业技术中心39家，高新技术企业总数达到3112家；国家重点实验室9家，省级以上企业技术中心193家，工程（技术）研究中心292家。高技术产业增加值增长6.9%，其中高技术制造业增加值增长3.3%，高技术服务业增加值增长10.0%。战略性新兴产业增加值增长6.2%，其中战略性新兴产业工业增加值增长5.0%，战略性新兴产业服务业增加值增长8.6%（表7.8）。

表7.8 青岛市财政科技资金使用效果

年份	高新技术产业产值/亿元	占规模以上工业总产值/%	技术合同成交额/亿元
2011	4640	39.00	20.75
2012	5200	39.80	25.37
2013	6426	39.90	36.00
2014	6822	40.70	60.50
2015	7113	41.00	89.54
2016	7623	41.70	104.12
2017	7531	42.51	126.66
2018		50.23	155.82

7.2.5 青岛经验总结

青岛于2010年进入创新驱动转换阶段，2015年进入创新驱动发展阶段。青岛的创新产出竞争力虽非最强，但其创新基础竞争力和创新可持续发展竞争力不容小觑。同时，青岛的创新服务指数在全国274个城市中排名第13位，亦是众多城市学习的榜样。课题组在分析影响青岛科技创新的重要因素时，发现青岛有几点做得非常好。

（1）细致周到、贯穿始终的科技服务

第一，科技政策服务。从2015年开始，青岛市科技局会同青岛市科学技术信息研究院（青岛市科技发展战略研究院）每年编制一本《青岛科技创新政策词典》，供政府部门、高校、科研院所、企业和科技人员查阅与使用，并提供政策类型、适用领域、关键词等 3 种索引方式，极大地节约了需求者搜寻资料的时间成本。第二，科技报告共享服务。青岛市科技局将科技报告分为 4 类：科技发展报告、科技工作报告、科技研究报告和科技信息报告，并向全社会公开，供需求者参阅和使用。科技报告公开制度一方面有助于充分挖掘科技报告的价值，避免重复研究或节省后续研究时间；另一方面有助于社会了解和监督科技部门的工作情况，掌握当地的科技创新情况，进而看到差距、激发斗志。第三，青岛科技大数据平台。青岛科技大数据平台汇集了海量的知识和信息，并将这些知识和信息分门别类；除了包含科技政策和科技报告外，还将业务系统放入平台，让使用者登录一个平台即可享受众多服务，极大地节约了转换成本（图 7.2）。第四，科技成果评价服务。青岛率先在全国发布科技成果评价服务地方规范，并建设科技成果评价服务平台，为促进科技成果转化创造了有利条件。

图 7.2 青岛科技大数据平台的"政策超市"界面

青岛市统计局在服务青岛科技创新中也发挥着重要作用。系统、及时、多样的政策汇编，为青岛吸引科技人才、促进企业技术创新和产业创新、实现创新驱动发展提供了重要制度保障和便利。仅 2019 年 5 月 9—16 日，青岛市统计局就公布了大学生就业创业政策摘编、服务民营企业政策摘编、支持企业发展政策汇编、青岛市实施现代产业精准招商支持实体经济高质量发展政策措施、青岛大数据投资指南、青岛市招才引智政策目录、青岛市人才政策分类概要、青岛海关惠企便民政策等多个政策汇编。

（2）稳扎稳打、坚持不懈的创新主体培育

青岛从2003年甚至更早就意识到创新主体的重要性，开始培育工程技术研究中心和科技企业孵化器等创新平台与创新载体。不仅及时出台支持政策，在财政科技资金的安排和科技计划项目的设置上都给予创新平台和创新载体足够的重视。根据公开数据，从2008年起，青岛每年投入少则千万元多则上亿元的财政科技资金用于创新主体培育，为科技创新积蓄后备力量。这是青岛科技创新可持续竞争力较强的原因之一。目前，青岛已形成以中车四方为龙头的世界动车小镇，以北汽新能源为龙头的新能源汽车基地，以武船、海西重机等为龙头的船舶海工生产基地，以及汇聚全球机器人"四大家族"的国内首个"国家机器人高新技术产业化基地"。青岛的中小企业亦有40家隐形冠军、279家"专精特新"示范企业和1200余个"专精特新"产品。

（3）不忘初心、以民为本的科技创新导向

科技创新并不是单纯追求经济效益，社会效益、生态效益也是评价科技创新绩效的主要指标。在青岛市科技计划项目中，有一类计划项目自2008年以来一直存在，即用科技造福人民的民生科技计划（公共领域科技支撑计划）。该计划将财政科技资金投入节能环保、人口与健康、农业科技、公共安全、城市发展、技术标准等领域，2018年更设"对口支援与科技帮扶"项目，让科技真正为人民服务、为改善人民福祉服务。唯有让人民切实感受到科技创新带来的好处，人民才能真正尊重科技创新、重视科技创新、支持科技创新，进而愿意进行科技创新，科技创新氛围才能真正形成。这与青岛品牌经济的成功有异曲同工之妙。

（4）勇于探索、适时推进科技体制改革

一是将科技行政管理工作与科技事务工作分离，将国家、省、市各类科技计划项目、科技成果及奖励、高企认定等事务性工作采用"政府买服务"的形式委托科技中介服务机构完成，市科技局集中有限精力出政策、建规则、抓监管。二是围绕十大科技创新中心建设，试点将科技项目立项权和资金分配权下放给相应的创新联盟等平台组织，转变由政府主导科技计划项目管理的传统方式。三是广泛采用普惠制、政策性后补助等方式支持市场主体创新，由"相马"改为"赛马"，只要符合政策条件要求，企业即可享受扶持资金。四是创新应用基础研究支持方式，通过社会资本与政府共同出资建立智库联合基金，发挥市场对技术研发方向、路线选择和创新资源配置的导向作用，使企业真正成为技术创新决策、研发投入、科研组织和成果转化的主体。五是实施企业融资共享补偿机制，建立科技型中小微企业知识产权质押贷款风险补偿准备金，对开展科技型中小微企业专利权质押融资业务的金融机构给予一定的风险补偿。

7.3 南京

南京作为江苏省省会，云集了大量的高校院所和科研人员，丰富的科研资源为其科技创新提供了坚实的基础。《中国城市创新竞争力发展报告2018》显示，南京综合创新竞争力在全国排名第13位。其中，创新基础竞争力居第10位，创新环境竞争力和创新可持续发展竞争力均居第14位，创新投入竞争力居第16位，但创新产出能力只排名全国第61位。为改变科技创新大而不强的现状，2018年南京发布《关于建设具有全球影响力创新名城的若干政策措施》，从做强创新主体、打造产业地标、推动开放创新、促进创新协同、优化创新布局、营造创新生态等6个方面，全面提升创新能力。南京市聚力培育"4+4+1"主导产业，重点打造人工智能、集成电路、新能源汽车等产业地标，全力推进"两落地一融合"等十大工程。南京着力打造集聚创新资源"强磁场"经验获国务院通报表扬。

7.3.1 南京科技创新概况

（1）科技创新定位

具有全球影响力创新名城。

（2）科技创新特点

一是紧紧围绕创新驱动发展"121"战略，即建设"一个名城"（具有全球影响力的创新名城）、打造"两个中心"（综合性科学中心和科技产业创新中心）、"构建一流创新生态体系"。二是及时出台科技创新支持政策《关于建设具有全球影响力创新名城的若干政策措施》（宁委发〔2018〕1号）及51个系列配套文件，有力推动科技创新。三是作为科研教育基地，高校及科研院所众多，在集聚科研人才和科研资源、进行基础研究和应用研究等方面独具优势。

7.3.2 南京财政科技资金特色

（1）资金类型

包括重大平台专项资金、科技创新券兑现专项资金、奖励专项资金、知识产权强市（战略）专项资金、应用研发及成果转移转化专项资金、创新型企业培育专项资金、企业技术装备投入普惠性奖补资金、政府间研发合作资金、知识产权维权援助资金等。

（2）扶持方式

包括直接资助、奖励、补贴、科技创新券、科技成果转化贷款风险补偿、创新产品保费补贴、产业并购基金、创业孵化基金等。

7.3.3 南京财政科技资金运用及管理特点

南京的科技投入快于经济发展。以 R&D 投入强度衡量，南京在 2011 年以前早已进入创新驱动发展阶段，但其人均 GDP 在 2011 年才进入创新驱动转换阶段、2014 年才进入创新驱动发展阶段，说明南京的科技投入在实现创新驱动发展中的引导作用比较弱（表 7.9）。

表 7.9 南京科技投入

年份	财政科技支出/亿元	全社会R&D经费支出/亿元	全社会R&D投入强度/%	财政科技支出占研发投入的比重/%	财政科技支出占一般公共预算支出的比重/%	人均GDP/美元
2011	24.08	181.30	2.91	13.28	3.61	11 676*
2012	35.00	213.35	2.92	16.40	4.55	14 256

续表

年份	财政科技支出/亿元	全社会 R&D 经费支出/亿元	全社会 R&D 投入强度/%	财政科技支出占研发投入的比重/%	财政科技支出占一般公共预算支出的比重/%	人均 GDP/美元
2013	40.12	241.88	2.95	16.59	4.71	15 948
2014	44.72	266.89	2.98	16.76	4.85	17 776**
2015	52.03	294.86	2.99	17.65	4.98	19 248
2016	52.97	325.20	3.05	16.29	4.51	19 450
2017	67.29	357.31	3.05	18.83	4.97	20 899
2018	80.54	393.59	3.07	20.46	5.26	23 104

2018 年度南京市市级科技专项资金预算合计 119 290 万元，实际使用资金总额 126 658.06 万元（表 7.10）。资金分配方式主要为后补助、前补助、资金池 3 种，投向国家重点支持的高新技术领域，其中电子信息领域占比最大，而航空航天、新材料、新能源与节能、资源与环境领域占比较低。

表 7.10 南京市科技创新专项资金预算（部分） 单位：万元

计划（项目）名称	2017 年	2018 年	2019 年
苏南自主创新示范区建设专项资金	31 520		
科技创新券专项资金	5000		
知识产权战略专项资金	4000	10 000	
成果转化及产学研项目		4000	
关键技术研发项目		1000	
科技服务业提升计划		1000	
民生科技计划项目		3000	
市委一号文政策兑现		100 290	
创新型企业培育专项资金			52 450
新型研发机构建设专项资金			22 690
应用研发及成果转移转化专项资金			54 860
知识产权强市专项资金			10 000
综合性科学中心建设专项资金			30 000

南京财政科技资金的特点主要有以下几点。

①技术研究与开发支出占据绝对主导地位,且以科技成果转化与扩散支出为主;应用技术研究与开发支出次之(表7.11)。

②在科技创新专项资金中,政策兑现资金安排最多;2019年以应用研发及成果转移转化专项资金和创新型企业培育专项资金为主。

③支持方式多元,以后补助为主,尤以奖励为主要资助方式。

④财政科技资金绩效评价采取部门自评和委托第三方进行相结合的形式,已于2016年从部分项目开始。

表7.11 南京市科委部门财政拨款支出(预)决算表

功能科目名称	项目支出金额/万元				
	2019(预)	2018(预)	2017(决)	2016(决)	2015(决)
科学技术支出	12 753.50		36 387.42	43 154.51	41 736.87
科学技术管理事务	3583.21		1407.79	1372.00	1537.14
其他科学技术管理事务支出	2069.73	1602.47	1381.31	1372.00	1537.14
基础研究			1349.00	1426.61	1436.81
自然科学基金			1349.00	1403.00	1338.00
其他基础研究支出				23.61	98.81
应用研究	6586.92		822.36	795.5	615.27
社会公益研究	6586.92	6545.78	822.36	742.54	615.27
其他应用研究支出				52.96	
技术研究与开发			26 366.60	30 724.70	31 932.20
应用技术研究与开发			10 975.60	12 443.70	15 138.20
科技成果转化与扩散			15 391.00	18 281.00	16 794.00
其他技术研究与开发支出					
科技条件与服务	2547.27		5475.82	8353.70	5581.95
科技条件专项			3955.00	8000.00	5153.00
其他科技条件与服务支出	2547.27	1701.45	1520.82	353.7	428.95

续表

功能科目名称	项目支出金额/万元				
	2019（预）	2018（预）	2017（决）	2016（决）	2015（决）
其他科学技术支出	36.1		965.85	482	633.50
科技奖励			684	406	518.50
其他科学技术支出	36.1		281.85	76	115.00
合计	17 107.73	14 066.98	41 097.39	46 976.59	46 003.13

7.3.4 南京财政科技资金使用效果

2018年，南京市新增市级以上科技企业孵化器24家，新增市级以上众创空间64家，新增高新技术企业1274家，累计3118家；新型研发机构市级备案108家，海外研发机构达到25家；全口径高新技术产业产值10 654亿元，科技服务业总收入2482.5亿元，技术合同成交额403.81亿元，科普基地年接待人数228万人次，全社会R&D投入占GDP比例按新口径为3.06%，科技进步贡献率64.6%，万人有效发明专利拥有量59.71件（表7.12）。

《自然》杂志"2018自然指数—科研城市"全球科研城市50强中，南京居第12位；首都科技发展战略研究院发布的中国创新城市TOP 10排名和《中国城市创孵指数2018》中，南京分列第5位、第6位；《2018中国创新城市评价报告》发布的南京创新总指数居参评城市的第4位；上海社会科学院长三角与长江经济带研究中心发布的2017年度长三角城市群科技创新驱动力城市排名中，南京综合得分居第2位。

表7.12 南京市财政科技资金使用效果

年份	高新技术产业产值/亿元	占规模以上工业总产值/%	工程技术研究中心/家	省级以上重点实验室/家	市级以上科技公共服务平台/家	科技孵化器/家	众创空间/家	技术合同成交额/亿元
2011	4224	40.80	256	60	109	40		120.27
2012	2432	21.30	307	67	112	85		145.38

续表

年份	高新技术产业产值/亿元	占规模以上工业总产值/%	工程技术研究中心/家	省级以上重点实验室/家	市级以上科技公共服务平台/家	科技孵化器/家	众创空间/家	技术合同成交额/亿元
2013	5419	42.80	411	73	116			169.83
2014	5741	43.40	600	80	116			180.14
2015	5919	45.30	718	89	119	158	80	198.33
2016	5903	45.31	808	91			169	215.73
2017	6336	45.89		91	134		210	284.75
2018	10 654	43.80		88	130		282	403.81

7.3.5 南京经验总结

南京于2010年进入创新驱动转换阶段，2014年进入创新驱动发展阶段。但与其他城市相比，南京在2017年以前的科技创新成效并不显著。2017年以来，南京通过一系列改革，科技创新取得了显著成效。总结其经验教训，主要有以下几个方面。

（1）必须为科技创新提供系统的政策支持

南京科技创新政策出台相对缓慢，2018年以前只有个别文件，2018年《关于建设具有全球影响力创新名城的若干政策措施》和51个系列配套文件的出台才真正开始建立科技创新政策体系。2019年《关于建设创新名城若干政策措施的实施细则汇编》进一步提高了政策的实用性。该实施细则共33条，围绕创新主体需求，进一步突出企业、人才、高校院所、新型研发机构、金融机构、载体和组织等各类服务对象。涉及企业的实施细则有19个，主要从企业成长的不同阶段进行全链条式支持；围绕人才支持的实施细则有8个，主要面向不同的人才需求提出了系列配套支持举措；涉及高校院所、新型研发机构的实施细则有5个，主要是在深化"两落地一融合"工程、提升新型研发机构发展质量方面进行深化。同时，为加快科技金融等服务业发展，进一步加大金融机构等方面的支持内容，包括天使投资、创业投资、小额贷款保证保险等方面的支持，对高新园区、众创空间、孵化器、加速器、公共服务平台、组织联盟等载体和科技服务机构也明确给予支持。为增强政策执行便利性、针对性、高效性，提升各类主体政策易用性和获得感，从创新主体需求出发，专门编制《政策条款——实施细则对应索引》，注明政策点对应细则页码，方便读者快速查找。

（2）必须充分调动企业的积极性，将科技创新资源变资产

南京是全国重要的科研教育基地，拥有高校53所，入选"双一流"建设的高校和学科数量仅次于北京和上海。同时，南京每万人在校大学生、研究生数量均排在全国第2位，在宁"两院"院士数量居全国第3位，建有一批国家级科技平台载体，此外还拥有14所、28所、55所等一批军工科研和生产单位。雄厚的科研实力表现在研发投入上就是，在2016年南京市R&D投入中，高等院校研发投入占比20.7%，科研机构研发投入占比11.1%，规模以上工业企业和建筑业、服务业企业研发投入合计占比63.4%。企业研发投入占比远小于其他城市的90%，企业在研发活动中的主体地位不突出，其结果就是大量高质量科研成果与较低高新技术产业产值并存。为改变这种现象，从2017年开始，南京逐渐在应用研发和科技成果转化与扩散上加力。通过奖励、高标准建设重大研发平台、促进产学研合作、鼓励科研人员设立技术转移服务机构等方式来激发和调动科研人员的创造性和积极性，通过构建专业化服务体系来提高科技服务能力，推动科技创新。为做大企业主体、培育创新集群，南京市按照以创新型领军企业为龙头、高新技术企业为骨干、科技型中小企业为基础的培育链条，对企业进行分类指导培育，建立全市军工企业、软件企业等5类企业库清单，并实施"一企一策"，及时解决企业诉求，落实相关政策。

7.4 苏州

苏州围绕建设"先进产业基地"和"科技创新高地"的战略目标，以产业转型升级为主线、加快自主创新为突破、增强企业创新能力为核心、优化创新生态系统为支撑，不断提升科技创新能力。2019年3月25日，江苏省科技发展战略研究院发布的"2018苏南国家自主创新示范区创新指数"显示，苏州对苏南创新指数增长的贡献率排名第一。苏州科技进步综

合实力也连续多年居江苏第一。张家港、常熟、昆山入围国家首批创新型县（市）建设名单。《中国城市创新竞争力发展报告2018》进一步显示，苏州综合创新竞争力在全国274个城市中排名第6位。其中，创新产出竞争力居全国第3位，创新基础竞争力和创新环境竞争力均居第6位，创新可持续发展竞争力居第9位，创新投入竞争力居第11位。

7.4.1 苏州科技创新概况

（1）科技创新定位

具有全球影响力的产业科技创新高地、具有国际影响力的创新创业名城和高水平创新型城市。

（2）科技创新特点

一是初步建立了以企业为主体、市场为导向、产学研深度融合的技术创新体系，并正在以"把研发作为产业、把技术作为商品"为理念，构建省市协同发展的产业技术研究院体系。二是分层孵化体系逐步完善，构建了从科技型中小企业、高新技术企业、瞪羚企业到独角兽企业的成长培育机制，着力打造一批具有自主知识产权和核心竞争力的创新型企业群体。三是正在建设产业创新集聚区，积极参与上海科创中心和G60科创走廊建设。

7.4.2 苏州财政科技资金特色

（1）资金类型

包括科技专项资金、知识产权专项资金、自主创新专项资金、科技创新专项资金、人才开发资金等。其中，"苏州市市级科技创新专项资金"是指经市政府批准设立，由市财政预算安排，用于科技研发和自主科技创新发展的专项资金，主要用途包括引导和促进科学研究与技术开发、扶持各类创新活动、营造和完善自主创新创业环境。该专项资金主要用于企业技术创新、产业技术创新，服务体系建设、科技人才、科技金融等方面的相关工作，以及产学研合作、科技奖励、科技管理工作等。

（2）扶持方式

2018年苏州市市级科技发展计划整体按"五大计划、三类项目"组织实施，即在市级科技创新专项资金中设企业技术创新、产业技术创新、科技人才、科技服务体系、科技金融五大计划，按普惠间接、竞争择优和源头引进三类项目实施。苏州市科技创新专项资金实行项目化管理、类别化支持，主要分为资助引导、补助奖励、政府购买服务等方式。具体包括：资金补助、税收优惠、贷款贴息、知识产权质押贷款补贴、知识产权保险补贴、科技贷款损失补偿、科技保险费补贴、上市融资资助、创投机构风险补助、技术经纪人奖励、创业补助、研发资源开放共享服务补助等（表7.13）。

表 7.13 苏州市科技计划项目类别及资助方式

计划名称	项目名称	资助方式
企业技术创新计划	科技基础设施项目	前期资助、后补助
	科技创新政策性资助项目	
	高新技术培育企业研发后补助项目	后补助
	科技企业技术创新能力综合提升（工业）	立项下达50%+通过中期检查下达30%+通过验收下达20%
	中小科技企业后补助（工业）	后补助
产业技术创新计划	农业产业关键技术创新工程后补助项目	后补助
	医疗器械与新医药后补助项目	根据各阶段成果给予补助
	技术转移体系建设项目	先备案后补助
	软科学研究项目	后补助
	产学研协同创新项目	后补助
	科技成果转化项目	先备案后补助
	重点产业技术创新项目	立项时全部下达；立项时下达70%+验收通过后下达30%。
科技人才计划	姑苏创新创业领军人才计划项目	项目资助、安家补贴、引才奖励
	姑苏创业天使计划项目	创业补助、项目资助、创业培育
服务体系建设计划	科技服务机构、科技服务资源、科技服务公共平台	后补助

续表

计划名称	项目名称	资助方式
科技金融计划	科技信贷、天使投资、科技保险费补贴	奖励、补贴、贴息、风险补偿
	服务体系建设计划：科技合作	事后择优资助
	科技奖励	
	科技管理	

7.4.3 苏州财政科技资金运用及管理特点

如表 7.14 所示，苏州的科技投入与经济发展基本保持一致。无论是 R&D 投入强度还是人均 GDP，苏州均于 2008—2009 年进入创新驱动转换阶段，于 2012 年进入创新驱动发展阶段，说明苏州科技投入在实现创新驱动发展中具有较强的即时效应。

表 7.14 苏州科技投入

年份	财政科技支出/亿元	全社会 R&D 经费支出/亿元	全社会 R&D 投入强度/%	财政科技支出占研发投入的比重/%	财政科技支出占一般公共预算支出的比重/%	人均 GDP/美元
2008	22.77	138.97	1.94	16.38	3.66	11 494*
2009	28.77	172.72	2.20*	16.66	4.19	12 427
2010	35.71	219.18	2.34	16.29	4.33	13 949
2011	45.12	263.44	2.42	17.13	4.50	16 061
2012	53.20	305.20	2.50**	17.43	4.78	18 359**
2013	77.80	335.06	2.54	23.22	6.42	20 165
2014	75.20	361.06	2.58	20.83	5.76	21 510
2015	88.30	385.27	2.61	22.92	5.78	22 337
2016	95.20	429.94	2.73	22.14	5.89	22 300
2017	123.70	479.75	2.77	25.78	6.98	24 052
2018	152.00	517.01	2.78	29.40	7.80	26 249

苏州财政科技资金的特点主要有以下几个方面。

①技术研究与开发支出占据绝对主导地位，且以应用技术研究与开发支出为主（表7.15）。

②在市科技创新专项资金中，占据主导地位的由服务体系建设专项逐渐转移至企业技术创新专项；产业技术创新专项资金也逐年增加（表7.16）。

③市科技项目按遴选立项方式，分为竞争择优、合规审核和定向组织项目；按财政资金支持方式，分为前资助、后补助和引导投入项目。前资助项目按财政资金支持额度，分为重大项目、重点项目和一般项目，根据需要分阶段下达资助经费。在项目总预算不变的情况下，项目负责人可根据科研活动实际需要，在预算范围内自主安排经费开支，自主调整直接费用中全部科目的经费支出，不受比例限制，由项目承担单位办理调剂手续。

④财政科技资金支持方式多元，以后补助为主。其中，软科学研究采用后补助方式，较为少见；医疗器械与新医药后补助项目资助方式综合考虑产品品种、类别、阶段等，非常详细；技术转移体系建设项目从科技成果吸纳方、科技成果输出方、技术转移机构和市成果转化平台、技术经纪人4个角度进行补助，较为全面；资助金额计算方式灵活、多样。

⑤科技金融超市在汇集各方金融产品的基础上创设信贷产品、保险产品、担保产品、租赁产品等多种类型产品集成整合的创新型科技金融产品，实现了金融机构、中介机构与科技企业三大要素的良性互动和有效对接，形成了银行、保险、创投、担保、租赁、中介"六位一体"的科技金融苏州模式。

表7.15 苏州市科技局部门财政拨款支出（预）决算表

功能科目名称	项目支出金额/万元				
	2019（预）	2018（预）	2017（决）	2016（决）	2015（决）
科学技术支出	104 764.97	71 955.6	26 731.14	19 457.47	19 486.49
科学技术管理事务	1000.46	1058.03	6731	2116.09	234.27

续表

功能科目名称	项目支出金额/万元				
	2019（预）	2018（预）	2017（决）	2016（决）	2015（决）
其他科学技术管理事务支出			6500	1800	12.74
基础研究			2070	1796	2314
自然科学基金			2070	1796	2314
应用研究	760.67	608.42	966.68	88.57	67
社会公益研究	760.67	608.42	966.68	88.57	67
技术研究与开发	96 400	70 000	13 969.36	11 999.45	13 244.26
应用技术研究与开发	96 400	70 000	13 969.36	11 855.02	13 235.01
其他技术研究与开发支出				144.43	9.25
科技条件与服务			1355	2288	2670
科技条件专项			1355	2288	2670
科学技术普及	6300				
科技馆站	6300				
其他科学技术支出	303.84	289.15	1657.1	1169.36	956.96
科技奖励			70		46
其他科学技术支出	303.84	289.15	1587.1	1169.36	910.96
合计	105 920.44	72 960.93	26 731.14	19 457.47	19 486.49

表7.16 苏州市科技创新专项资金分配表（预算） 单位：万元

序号	计划名称	2016年	2017年	2018年	2019年
1	企业技术创新专项	9052	11 400	11 800	24 500
2	产业技术创新专项	10 600	10 800	14 000	16 650
3	服务体系建设专项	12 148	22 000	19 800	12 300
4	科技人才专项	10 000	8000	13 000	14 000
5	科技金融专项	7500	3500	10 000	8000
6	产学研合作（科技合作）	400	400	400	400
7	科技奖励	500	500	500	
8	科技管理	400	400	500	550
	合计	50 600	57 000	70 000	76 400

7.4.4 苏州财政科技资金使用效果

2018年苏州市新增省级以上工程技术研究中心73家，新增省级以上企业技术中心86家，新增省级以上工程中心（实验室）11家。拥有省级以上公共技术服务平台60家，省级以上科技孵化器112家，省级以上众创空间242家，孵育创新团队4000个。新增高新技术企业952家，高新技术产业产值达到15 755亿元，占规模以上工业总产值的47.7%。技术合同成交额275.27亿元，万人有效发明专利拥有量53件（表7.17）。

表7.17 苏州市财政科技资金使用效果

年份	高新技术产业产值/亿元	占规模以上工业总产值/%	新增高新技术企业/家	新增省级以上工程技术研究中心/家	新增省级以上企业技术中心/家	新增省级以上工程中心（实验室）/家	省级以上公共技术服务平台/家	省级以上科技孵化器/家	省级以上众创空间/家	技术合同成交额/亿元
2011	10 450	37.3	430							33.90
2012	11 889	41.3	588	109	43					42.30
2013	13 183	43.4	623	104	50	9	41			53.97
2014	13 645	44.8	910	101	65	10	52			57.50
2015	14 030	45.9	712	73	48	10	58	89		71.83
2016	14 382	46.9	920	48	61	11	60	93	120	85.01
2017	15 296	47.8	1573	67	64	11	60	107	199	155.98
2018	15 756	47.7	952	73	86	11	60	112	242	275.27

7.4.5 苏州经验总结

苏州于2008年进入创新驱动转换阶段，2012年进入创新驱动发展阶段。作为"新江苏"建设的排头兵和先行军，苏州在科技创新领域的众多措施值得学习和借鉴。早在2016年，苏州就开始实施"深化科技体制改革行动计划""科技型企业培育行动计划""企业创新能力提升行动计划""企业知识产权实力提升行动计划""产业创新载体建设行动计划"，并于2017年开始实施"创新发展十项重点工程":实施科技创新载体建设工程和关键技术攻关工程以推动自主创新,实施智能制造发展工程、服务业新业态新模式创新工程和大数据特色产业园建设工程以促进产业转型升级,实施企业互联网融合提升工程和企业创新国际化示范工程以增强企业创新能力,实施产业创新创业人才集聚工程、科技创新投融资服务工程和创新服务平台建设工程以优化创新生态系统。同时,苏州优化科技资金管理制度,除财政每年投入100亿元并保持相应增长外,还通过以下几个方面提高了财政科技资金的使用效率。

(1) 完善的科技资金管理体系

苏州及时颁布科技资金使用管理办法,并与实施细则互为补充,为提高科技资金的使用效率奠定了基础。2016年,苏州实施财政科技投入结构性改革:一是建立以绩效为导向的财政支持制度、创新产品与服务远期约定政府购买制度;二是建立以市场需求为主导的企业技术创新、产业技术创新、服务体系建设、科技人才、科技金融等五大专项,改善资源配置方式;三是增强科技计划项目承担单位的自主权,如项目资助资金不设置劳务费比例、允许按规定在劳务费中开支"五险一金",提高人员绩效支出比例至资助金额的50%,会议费、差旅费、国际合作与交流费可自行相互调剂使用等;四是健全科研项目和资金巡视检查、审计等制度,建立覆盖项目决策、管理、实施主体的考核和绩效评估机制。这些措施为有效利用财政科技资金提供了有力保障。

(2) 系统的企业培育资助体系

苏州构建了从科技型中小企业、高新技术企业、瞪羚企业到独角兽企业的成长培育机制,通过灵活多样的资助方式为其提供财力支持。例如,对评价入库的科技型中小企业开展研发活动实际发生研发费用的175%在税前加计扣除;对纳入高新技术企业培育库的企业按上年度实际发生研发费用的20%给予最高30万元的后补助资助;对瞪羚企业科技贷款利息支出的50%给予最高50万元的补助,对合作银行给瞪羚企业发放"科贷通"

贷款给予最高 700 万元的风险补偿；对独角兽培育企业按上年度实际发生研发费用的 20% 给予最高 200 万元的补助，连续支持 5 年，最高 1000 万元；对独角兽培育企业科技贷款利息支出的 50% 给予最高 100 万元的补助；对合作银行给独角兽培育企业发放"科贷通"贷款给予最高 1000 万元的风险补偿。此外，苏州对获得国家知识产权优势企业、国家知识产权示范企业称号的企业分别一次性给予 50 万元、100 万元奖励；获评中国质量奖（含提名奖）企业给予一次性 200 万元奖励；获评江苏省质量奖、苏州市市长质量奖企业给予一次性 100 万元奖励；获评江苏省质量管理优秀奖、苏州市质量管理优秀奖企业给予一次性 20 万元奖励。通过税收优惠、贷款贴息和奖励等方式，不断助推企业成长和科技创新。

（3）灵活的科技金融服务体系

一是构建"一行一策"科技信贷风险补偿体系，对银行、科技小额贷款公司为科技型企业放贷产生的损失给予风险补偿；二是开展科技融资租赁，对合作融资租赁公司为科技型企业提供的用于科技研发和创新创业的设备、器材、资金等所发生的损失进行补偿；三是对通过银行、科技小额贷款公司等金融（服务）机构获得贷款的科技型企业给予贷款贴息或担保费补助；四是实施科技保险保单赔付风险补偿，对产品质量险、产品责任险、小额贷款保证保险等险种保单赔付给予风险补偿；五是实施科技保险费补贴，对通过保险公司购买科技保险险种的科技型企业给予保险费补助；六是实施天使投资计划，包括奖励、风险补偿和阶段参股 3 种方式；七是通过信用保证基金为创新型企业贷款提供增信，信用保证基金与银行、担保公司（保险公司）共担风险；八是对融资性担保机构和再担保机构为信用良好的制造业企业提供的融资性担保服务，给予业务补助和风险代偿。通过多样化的方式，为企业科技创新提供灵活的科技金融服务。

（4）务实的科技计划扶持体系

苏州建立了以市场需求为主导的企业技术创新、产业技术创新、服务体系建设、科技人才、科技金融等五大科技计划专项，并通过竞争择优、合规审核和定向组织等方式遴选项目。虽然经济实力雄厚，但苏州财政资金在科技创新方面的投入较为务实。一是有条不紊推进科技创新。2016—2018年苏州连续3年为服务体系建设专项安排最多的财政资金预算，以优化创新生态系统，为企业科技创新提供良好环境和优质服务，而后才将财政预算重点转移到企业科技创新和产业科技创新专项上。二是注重实效规划财政投入。苏州财政资金投入规模和方式因项目而异。例如，2019年苏州市软科学研究项目采用后补助方式；面上项目由申报单位根据指南自主选择申报，资助经费不超过3万元；基地项目围绕市委、市政府总体部署和年度重点科技工作，采取定向方式组织，资助经费不超过8万元；深化应用项目由申报单位对照通知要求提出补助申请，资助经费不超过5000元。医疗器械和新医药后补助项目的资助方式更是从实际出发的典范。

7.5　启示

4市的经验表明，从创新驱动转换阶段进入创新驱动发展阶段的时间平均为4~5年。淮安刚刚进入创新驱动转换阶段，需要做好短期内难以进入创新驱动发展阶段的心理准备。

财政科技资金作为促进科技创新的重要政策工具之一，在推动公益性和基础性科学技术研究与开发、帮助企业提高自主创新能力、引导社会资金流向科技创新领域等方面发挥着重要作用。但财政科技资金对科技创新进而创新驱动发展的作用与科技资金投入规模和结构、各城市自身的资源禀赋、政府政策及创新创业生态等有密切关系。像南京这种高等教育资源丰富的城市，可以充分发挥高校、科研院所这一创新主体的作用，在基础研究、公益性研究、前沿性技术研究和共性关键技术研究方面，通过"企业＋高校＋科研院所"的联合创新，实现技术推进型创新驱动发展。像苏州、深圳、青岛等高等教育资源相对缺乏的城市，一方面需要充分发挥企业这一创新主体的作用，通过集聚创新资源优先满足企业需求，实现需求拉动型创新驱动发展；另一方面为保持创新的可持续能力，在一段时间内新建或引进大批新型研发机构或高等教育机构也是其必然选择之一。淮安的高等教育资源严重缺乏，汇聚全市创新资源为企业科技创新服务是淮安当前及今后相当长一段时间内的唯一选择。

企业创新主体地位的实现，不是靠政府为企业设立多少资金补贴来实现，而是靠政府通过各种政策工具为企业发展营造良性的创新环境和创新体系，能引导创新资源以企业需求为核心进行合理配置，真正形成以企业为核心的产业创新体系。这一点正是目前淮安最欠缺的，必须引起注意。

8 提高淮安市财政科技资金绩效的对策与建议

根据影响淮安市财政科技资金绩效的因素的重要性、改变的难易程度和现实的紧迫性，本书从基本策略和具体措施两个角度提出提高淮安市财政科技资金绩效的对策与建议。总体思路是：淮安市财政科技扶持政策要着眼于淮安市中长期发展规划和创新驱动发展战略要求，集中对重点领域进行长期配套扶持；财政科技资金投入方式要从资金使用者角度出发，根据其科技创新需求进行灵活设计。

8.1 基本策略

8.1.1 明确淮安创新驱动发展模式，科学规划财政科技资金用途

（1）创新驱动发展的不同模式

根据创新驱动主体不同，创新驱动发展模式分为政府主导型、企业主导型、科研院所主导型和多元协同型。多元协同型创新驱动模式是政府、企业、科研院所、社会组织、公众等多元主体共同参与创新的一种模式，体现了技术创新、制度创新、管理创新、文化创新等的协同驱动，是创新驱动发展的主流模式。

根据创新与创业的关系，创新驱动发展模式分为"创业驱动"模式、"创新驱动"模式和"创新创业协同"模式。"创业驱动"模式创业系统活力强，创新系统发展滞后；"创新驱动"模式创新系统较为成熟，创业系统活力不足；"创新创业协同"模式创新系统和创业系统发展同步、互相促

进。因创新对经济发展仅是必要非充分条件，单纯的"创新驱动"会导致"发达滞胀"，所以"创新创业协同"发展模式更为理想。

根据创新资源禀赋不同，创新驱动发展模式分为引领模式、转移模式和提升模式。引领模式处于创新链高端，侧重基础研究和原始创新，通过掌握科技前沿、知识产权驱动经济发展；转移模式处于创新链中端，侧重应用研究和试验发展，通过技术转移驱动经济发展；提升模式处于创新链低端，侧重技术引进和模仿创新，通过引进吸收消化再创新驱动经济发展（表8.1）。

表 8.1　创新驱动发展模式

发展模式	资源特点	创新链条	发展形式
引领模式	创新资源特别丰富	高端	研发、溢出
转移模式	创新资源相对不足	中端	孵化、应用
提升模式	创新资源十分匮乏	低端	引进、吸收

此外，根据城市定位功能，创新驱动城市发展模式分为世界级创新中心模式、区域创新中心模式和非中心创新城市群模式；根据主导产业，创新驱动城市发展模式分为高科技型制造业创新模式和知识密集型服务业创新模式；根据创新主体所处阶段，创新驱动城市发展模式分为初级阶段模式、中级阶段模式和高级阶段模式；等等。

（2）淮安的创新驱动发展模式

根据相关资料，尤其是2017年发布的《关于淮安市聚力产业科技创新建设国家创新型城市若干政策措施》（简称"市聚力创新20条"），可以推断淮安选择的是企业主导型创新创业协同发展模式。根据淮安的创新资源禀赋，目前淮安更依赖转移模式和提升模式；根据淮安的主导产业，目前侧重于高科技型制造业创新模式；根据创新主体所处阶段，淮安目前偏向于初级阶段模式。因此，就淮安现状而言，财政科技资金应多投向高科技型制造业企业和创业企业，扶持其进行应用研究和试验发展、引进新技术和进行模仿式创新。

淮安的目标是通过产业科技创新建设国家创新型城市。创新型城市是自主创新能力强、科技支撑引领作用突出、经济社会可持续发展水平高、区域辐射带动作用显著的城市。从功能标志上看，创新型城市是研发资源的高密度聚集区和区域性科技研发中心、产业链的高端节点集聚地和区域性新兴产业中心、品牌资源密集区和大批创新型企业的营销窗口或营销创新舞台、公司总部聚集地和区域性企业运营中心（代明，2005）。目前淮安提出建设苏北自主创新高地、人才集聚高地和成果转化高地，从创新型城市应具备的功能看，这种定位更倾向于研发资源的高密度聚集区和区域性科技研发中心。因此未来几年，淮安市财政科技资金应根据三大高地的建设规划，调整基础研究、应用研究和试验发展的资金投入比例，逐步加大应用基础研究的资金投入，引导研发资源向高新技术企业和创新型企业集聚。

8.1.2 把握创新驱动发展规律，合理设置财政科技资金考核指标

（1）创新驱动发展具有阶段性，考核指标要符合当前阶段的特征

世界经济论坛根据经济增长动力与人均收入水平之间的关系将经济发展分为要素驱动、效率驱动和创新驱动3个阶段，以及2个转换阶段。国内学者从经济和科技综合实力之间的关系将创新驱动阶段进一步划分为创新驱动转换阶段和创新驱动发展阶段。当人均GDP达到1万美元、研发投入占GDP的比重为2%左右时，经济发展进入创新驱动转换阶段；当人均GDP达到1.7万美元、研发投入占GDP的比重为2.5%左右时，经济发展进入创新驱动发展阶段（伍文浩，2017）。

2018年，淮安人均GDP为11 062美元，研发投入占GDP的比重为1.86%，说明淮安正处于创新驱动转换阶段。这一阶段的主要任务是为进入创新驱动发展阶段打好经济和科技发展基础，包括完成产业新旧动能转换，现代产业体系向国际一流迈进；企业从小众创新向大众创新、从单一技术创新向复合多样创新转变；区域创新体系运转良好，并向高效式、开放型、网络化发展；政府发挥好引导作用，提供高效服务支撑，释放市场

配置创新资源的巨大能量,防止"创新低效"或"创新失效"现象出现。这一时期财政科技专项资金的主要功能并非单纯追求科技产出和经济效益,而是要在全社会营造创新氛围、引导企业提高创新能力、协助建立区域创新体系、推动产业新旧动能转换。因此,当前淮安市财政科技资金的考核指标应充分考虑并体现这一阶段的特征,适当降低经济效益的比例,提高社会效益和生态效益的比例,且不必超越该阶段和已进入创新驱动发展阶段甚至已进入创新驱动阶段的城市相比。

(2)创新驱动发展具有周期性,考核指标要考虑当前所处周期

以技术生命周期为例。在技术开发阶段,市场尚未接触新技术,市场交易量为0,无法提供实质收益。新技术开始市场应用时,市场交易量便开始增长。在开始应用期,增长速度缓慢。进入应用成长期,增长速度加快。进入技术成熟期时,增长速度开始放缓,市场交易量达到顶点,并开始衰退,进入替代技术期。在技术衰退期,此技术已无价值(图8.1)。由此可见,创新驱动发展的成效会因技术生命周期的存在而呈现周期性波动。同理,产业生命周期、企业生命周期和产品生命周期等都可能影响科技创新的成效。因此,淮安市财政科技资金在设置考核指标时要充分考虑生命周期因素,对处于不同生命周期阶段的产业、企业和技术分别设置相应的考核指标。

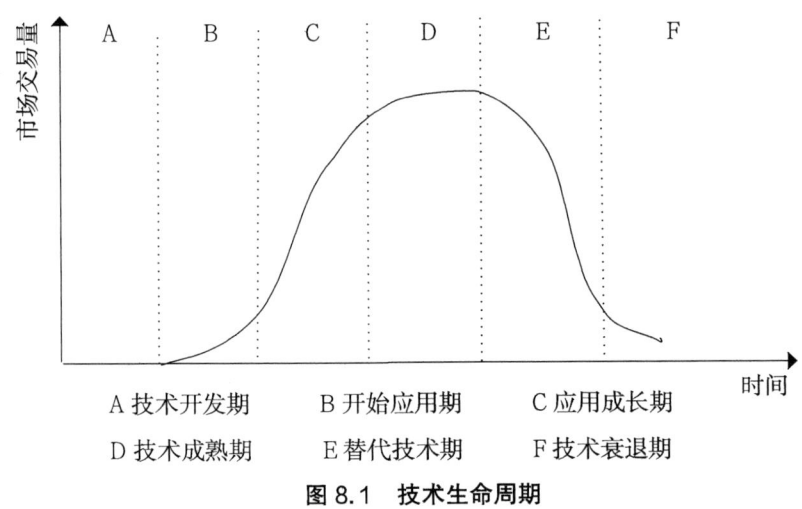

图8.1 技术生命周期

8 提高淮安市财政科技资金绩效的对策与建议

（3）创新驱动发展具有滞后性，考核指标要设定合理的滞后期

创新驱动发展的效果存在滞后效应，滞后期的长短与经济和科技基础、创新驱动模式等因素有关。研究表明，日本、法国和德国科技创新驱动经济增长的滞后期为1年，美国为2年，中国为3年（杨森，2018）。技术推动的科技创新，创新周期长，创新成果转化为经济效益的过程充满不确定性；市场需求拉动的科技创新，创新周期短，经济效益短期内即可显现，但生命周期可能较短；技术—市场联合驱动的科技创新，创新周期适中，创新成果具有新颖性和持久性，生命周期一般会较长。政府政策驱动的科技创新，因有明确的引导方向和政策支持，更易凝聚创新资源，缩短创新周期；但若无法与企业和市场需求相适应，或企业感受到的被动性较强，创新周期可能会延长，经济效益的产生时间也难以预期。

即使是同一创新驱动模式，创新驱动发展的滞后效应也会有所差异。以技术创新为例。根据技术来源不同，技术创新分为自主创新、模仿创新和合作创新。自主创新持续时间较长、风险较大；模仿创新能节省研发时间，降低研发失败的风险；合作创新有利于实现优势互补，取得技术突破。3种技术创新的周期不同、风险不同、竞争力不同，故驱动发展的滞后期也有差别。

淮安市财政科技资金在设置考核指标时，应根据科技创新的驱动力和技术来源对经济效益指标规定合理的滞后期。

8.1.3 了解淮安不同产业不同企业的创新需求，灵活设置财政科技扶持方式

（1）产业的创新需求

淮安提出通过产业科技创新实现建成国家创新型城市的目标。产业创新不只是产生在该时代处于领先地位的新兴产业，而且要求这些新兴产业在产业结构中占据主导地位，形成具有自主创新能力的现代产业体系。目前淮安有新一代信息技术、新能源汽车及零部件、盐化凹土新材料和食品四大优势特色产业，还有特钢及装备制造、生物技术及新医药等主导产

业。淮安以哪个或哪几个产业作为产业创新的主攻方向，直接影响着淮安市财政科技资金的投向。

绿色经济的研究者预言，按照著名的康德拉季耶夫经济长波理论及熊彼特的创新周期理论，在以信息技术革命为内容的第5次创新长波之后，即将来临的是以资源生产革命为特征的第6次创新长波，这次长波以可持续性技术为主导，将开创以低碳能源为特征的生态经济新时代。因此我们预测，未来淮安不同产业的科技创新均需考虑"生态"特征。

生态农业的创新需求，以技术创新、产品创新和品牌创新为主。 通过农业技术创新，使农业生产符合生态环保要求，不断提高农产品附加值和农产品品牌价值，让生态农业也成为创新驱动的助力。

生态工业的创新需求，以产业创新、技术创新和产品创新为主。 工业是淮安科技创新的主要领域。一方面，传统制造业转型升级需要高科技支撑和渗入；另一方面，战略性新兴产业需要高科技提升其产值和竞争力。目前，淮安的传统制造业尚未完全实现转型升级，对污染较大企业暂时关停或迁出市区治标不治本；真正意义上的战略性新兴产业处于起步阶段，创新技术和产值并不高。新产业要成为主导产业需解决3个关键问题：一是新产业的规模经济问题；二是新产业的成本控制问题；三是新产业的发展空间问题。淮安市财政科技资金通过给予新产业技术研发以资金支持，有助于降低其技术研发的沉没成本，推动其快速发展。

生态服务业的创新需求，以服务创新、营销创新为主。 在实现创新驱动发展中，高科技服务业发挥着重要作用，部分国家和地区甚至直接以高科技服务业作为创新驱动的主力。2018年，淮安三大产业结构比例为10.0∶41.8∶48.2，第三产业已成为淮安经济发展的重要力量。淮安可以此为契机，推动高科技服务业的发展，通过服务创新、营销创新在高科技服务业领域找到一个突破口、形成一个新增长点。

（2）企业的创新需求

国际通行标准认为，企业R&D经费占主营业务收入的比例低于1%

的企业将难以生存，2%可以维持，5%以上才有竞争力。2017年，淮安市规模以上企业R&D经费内部支出占主营业务收入的比重为0.83%，为历年最高，说明淮安大多数企业处于生死存亡边缘。因此，增加研发投入、加强科技创新，已刻不容缓。

不同类型企业的创新需求。 依据创新形式，创新可分为产品创新、工艺创新、组织创新和营销创新4类。有调查显示，在企业家就创新对企业发展的重要性排序中，由高到低依次是组织（管理）创新、营销创新、产品创新和工艺创新。工业企业相比建筑业和服务业企业，更为注重依靠技术创新来实现产品更新，提高生产效率；服务业企业相比建筑业和工业企业，更加注重引入新的营销策略和组织管理方式，以提升企业运营效率和市场竞争力。

不同规模企业的创新需求。 科技创新可以是"前沿性创新"，也可以是"模仿性创新"或"适应性创新"，前者会推动特定产业部门的技术前沿面外移，后者会让某一企业或产业部门追赶上现有的技术前沿。大型企业实力雄厚，有资本和能力进行前沿性创新。唯有进行前沿性创新、掌握前沿技术，才能让企业在市场竞争中占据有利地位。中型企业以提高自主创新能力为主。中型企业按年营业收入是否高于1亿元分为两类。年营业收入高于1亿元的企业，有一定的资本和能力进行自主创新；年营业收入低于1亿元的企业，在研发投入、高层次人才引进，进而自主创新方面需要借助一定的外力。小微型企业以合作创新、模仿创新为主。小微型企业由于资金不足，在研发投入、人才引进方面处于劣势，可能更多寻求合作创新和模仿创新。部分优秀小微型企业也会坚持进行自主创新。

8.1.4 完善科技服务体系，为创新主体提供优质高效的科技服务

（1）整合资源，建设科技服务大数据平台

借鉴青岛经验，整合现有资源，构建一体化科技服务大数据平台。科技服务大数据平台以政策池、企业库、服务机构库、服务产品库和资源库为基本架构，涵盖科技信息服务、科技知识服务、科技金融服务、科技

人才服务和科技平台服务等五大类科技服务内容及资源。具体如下。

政策池：包含所有与创新创业有关的政策，分门别类、及时更新。

企业库：按科技型企业、有创新需求的非科技型企业和创业企业等进行划分，了解和把握不同企业的科技创新需求，根据企业需要及时对外发布需求信息。

服务机构库：涵盖5类科技服务主体，或按政府部门（科技局、财政局、人社局、知识产权局等）、金融机构和技术服务机构进行划分，或按科技信息服务机构、科技知识服务机构、科技金融服务机构、科技人才服务机构和科技平台服务机构进行设置。

服务产品库：涵盖5类科技服务主体提供的科技服务，主要包括科技信息、科技计划项目、仪器共享服务，知识产权服务，检验检测认证服务，科技贷款、科技保险、科技担保和天使投资基金，技术合同登记、技术经纪、科技成果交易，科技查新，以及创业超市（创新创业载体、创新创业项目、创新创业导师）等。

资源库：创新创业活动形成的各种资源，主要包括科技计划项目数据库、科技成果数据库、软科学成果数据库、科技报告库、标准（国家标准、行业标准等）库、创新载体名单、仪器设备共享清单、孵化企业数据库、知识产权数据库等。

（2）持续跟踪，及时发现创新主体的创新需求

创新主体科技服务需求通常包括知识创造服务需求、科技创业服务需求、企业成长服务需求、产业升级服务需求和集群创新服务需求。通过持续跟踪和分析不同主体的科技服务需求，筛选出财政科技资金的扶持对象，协助进行财政科技资金预算（表8.2）。

知识创造服务需求是引进知识与创造知识并举，包括原始技术成果的突破、重大技术的攻关、传统产业技术改造、工艺优化与提升、商业模式创新、产品设计等。科技创业服务需求，包括小微企业的设立、技术市场化、经营人才培养、团队建设、企业融资、市场拓展、政府采购、与大企

业对接等。企业成长服务需求，包括上市融资、企业家培养、技术研发、国际市场拓展、现代企业制度建设、企业品牌、知识产权等。产业升级服务需求，包括发展战略性新兴产业、产业转型与提升，以及创意软件、现代金融、生物技术服务、信息技术服务等现代服务产业。集群创新服务需求，包括产业与区域平台互动、提高知识交流活力、建设国际化平台、技术前瞻性布局、获得产业话语权等。

淮安要利用科技服务大数据平台挖掘不同企业的创新需求，对企业实施"一企一策"的精准科技创新服务。

表8.2 科技服务要素"供需"的交错互动

类型	知识创造	科技创业	企业成长	产业升级	集群创新
科技信息	检索、立项、社会需求	具有市场前景的技术	竞争对手或行业信息	行业及社会需求	合作研发、情报交流
科技知识	专利战略、知识竞争	创业服务、知识互补	技术突破、技术兼并	关键技术或专利检索服务	知识链、传播网络
科技人才	研发人才培养和引进	团队建设、创业导师	领军型人才、人才培养	创造性或突破性人才	产业专才、交叉人才
科技金融	科技风险担保	天使投资死亡谷	上市融资、资本市场	产业基金、风投	产业基金、联合基金
科技平台	人才网络、研发平台	孵化器、创业工场	加速器、总部经济园	行业研发、检测机构	国际网络、机制创新

（3）细化服务，降低创新主体信息成本和时间成本

科技服务大数据平台在"一池四库"框架下可根据需要设置多个板块，为各方提供系统、便捷、高效的科技创新服务（图8.2）。

一是各部门可充分利用科技服务大数据平台提供的信息，对财政科技项目进行全过程管理，减少纸质材料和信息的重复收集，降低创新主体的信息搜集成本和时间成本，让其将精力专注于科技创新上。

二是根据产业发展规划或行动计划等相关政策文件，及时发布（新）技术攻关指导目录，为集中力量突破制约产业发展的技术瓶颈服务。

三是建立科技报告管理系统，加强科技资源开放共享。根据不同计划类别特点，将科技报告作为目标管理嵌入部分科技计划项目的合同签署、年度检查、验收等环节，提高科技投入产出效率，并与国家科技报告系统实现互联互通。

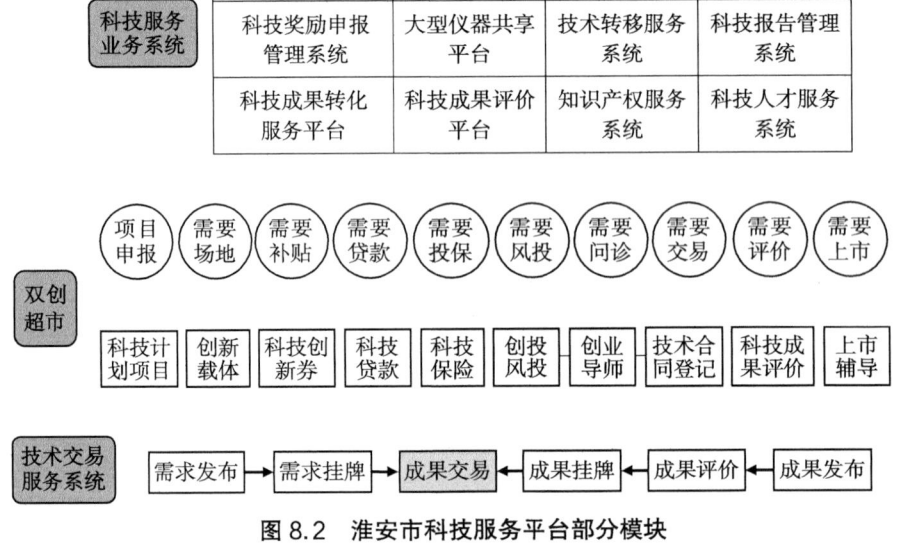

图 8.2　淮安市科技服务平台部分模块

8.2　具体措施

8.2.1　增加财政科技资金投入规模，为淮安科技创新提供资金保障

由表 8.3 可知，与同样处于创新驱动转换阶段的 2011 年的苏州和青岛相比，淮安市 2018 年财政科技投入占财政支出的比重较低，尤其是财政科技专项资金占财政科技投入和研发投入的比例，淮安均明显低于其他两市。因此，在未来几年，淮安依然需要增加财政科技专项资金的投入规模，以满足不同创新主体的科技创新需求。由于中小微企业是科技创新的主力，因此，淮安需要加大对中小微企业尤其是初创期中小微企业的资金支持力度，对大型企业除了其开展国际领先的研发项目外不予资助。

表 8.3　处于创新驱动转换阶段的 3 市财政科技投入规模　　　单位：%

城市（时间）	财政科技投入 / 财政支出	财政科技投入 / 研发投入	财政科技专项 / 财政科技投入	财政科技专项 / 研发投入
淮安（2018 年）	1.92	13.96	5.35	0.75
苏州（2011 年）	4.50	17.13	9.09	1.56
青岛（2011 年）	2.45	9.81	19.60	1.92

8.2.2　调整财政科技资金投入结构，充分发挥其扶持功能和引导功能

因专利资助项目和科技成果转化项目已分别设立专项资金进行资助，故财政科技专项资金的主要功能将聚焦于科技创新，即通过资金的提供、平台的构建和服务的提升，切实推动科技创新。相应地，现有财政科技专项资金的具体类别和投入结构需要做出一定调整。调整的基本原则是：保持研发计划项目资金的稳定投入，提高应用基础研究能力；加强创新平台建设资助，为科技创新积蓄基础和后备力量；继续对创新服务平台进行资助，推动淮安创新氛围的形成和创新成本的降低；保证科技金融引导资金的合理投入，协助企业拓宽融资渠道；加大研发投入加计扣除比例，充分发挥税收优惠的调节作用。

具体而言：一是继续加强技术研发资助，重点扶持科研院所、企业研发机构和重点实验室等进行原始创新和关键技术攻关，提高自主创新能力；二是继续扶持创新平台建设和创新服务能力建设，但要有的放矢、避免雷同，并加强对已有平台的监督管理，提高其运营能力和绩效水平；三是增加产学研合作项目和对外科技交流与合作项目资助，主动为技术供求双方提供合作渠道，推动科技成果产业化，促进跨区域合作创新；四是加强对（高端）设备、工艺流程的资助，解决中小微企业的部分困境，提高其科技创新的积极性；五是增加对农业企业和传统制造业企业科技项目的资助，推动生态农业发展，促进传统制造业转型升级；六是增加社会发展项目的资助，让科技创新更接地气、惠及更多人群，在全市营造尊重创新、鼓励创新的氛围。

为强化市、区（县）两级工作联动，促进重大创新需求的精准挖掘和科技扶持政策的精准投放，可考虑在市科技计划项目中设立局区（县）会商专项。会商专项旨在发挥市科技局对全市科技创新的统筹引导作用和区（县）贴近市场、了解一线的优势，由区（县）立足自身重点产业领域研究提出重大创新需求，经与市科技局、专家会商论证后，采取专项组织方式，以重大科技项目为实施载体，通过两级政策叠加和资源集成，合力推进科技创新工作更好落地落实。

8.2.3 改革财政科技资金资助方式，提高财政科技资金使用效率

基本原则：一是根据市场对资源配置的有效程度采用不同的资助方式。对市场不能有效配置资源的公共科技活动，如公益性的科研项目和平台建设等，以无偿资助为主要支持方式；对市场化特征明显的技术创新和成果转化项目，通过科技金融结合、事后奖补等方式予以支持。二是根据项目类别和项目成熟度采取不同的资助方式。研发资助以前期拨款为主；创新平台资助以验收后补助和分阶段拨付为主；与科研院所合作的项目以前期拨款为主，分阶段拨款为辅。三是财政科技奖励综合考虑研发投入、创新产出和对经济社会发展的影响，不以是否有专利为唯一标准。四是对重点领域或项目进行产业链式支持，探索"财政支持＋社会筹资"资助方式。

目前，可从以下几个方面加以改进。

（1）改进研发后补助政策和税收优惠政策

一是鼓励中小企业普遍建立研发准备金制度，引导企业持续加大创新投入。对已建立研发准备金制度的中小微企业，根据企业研发投入情况实行分级财政补助。二是加大创业投资期与研发实施期的税收优惠，减少收益分配期的税收优惠。对于企业委托外部机构和在境外发生的研发费用，只要其成果完全归属于境内居民企业的，给予全部加计扣除。相反，在境内研发但成果属于国外或非居民企业，国内企业需向国外支付特许权使用费的，不给予加计扣除。

（2）完善基础研究的财政科技扶持方式

一是借鉴深圳的做法，构建基础研究多元化投入机制，形成"基础研究＋技术攻关＋成果产业化＋科技金融"的全过程科技创新生态链，实行财政稳定支持与竞争性科研经费、企业委托及转化收益相结合的经费管理制度。二是探索组建以学科为核心的创新载体集群，开展重大科学问题联合研究。三是加大基础研究奖励力度，对在基础研究和应用基础研究中阐明自然现象、特征和规律，做出重要科学发现、重要创新性成就的团队及个人予以重奖。

（3）对生物医药类企业单独设置资助方式

生物医药产业的创新链条分为前沿技术攻关期、创新品种孵育期、成果转化期、产品市场导入期和市场规模扩大期。根据企业科技创新所处阶段和企业实力，可分别使用前资助、后补助或引入天使投资等方式。具体资助方式和金额可借鉴苏州的做法，根据产品的不同类别进行设计，主要包括化学创新药、中药新药、生物制品，3类医疗器械，江苏省实验动物许可证，实验动物安全生产预防、处置及考核评估，仿制药质量和疗效一致性评价等。

（4）增设农业农村科技创新服务平台，将农村科技服务超市纳入该平台管理

对农业农村科技服务平台采取"前期建设经费资助＋后期评估奖补"的资助方式。建设经费资助金额最高不超过20万元，绩效考评成绩A等级补助15万元，B等级补助10万元，鼓励其提高农业农村科技创新服务质量。

（5）灵活设置软科学研究的资助方式

软科学研究是政策引导类计划，设立目的是形成具有前瞻性、实用性的研究报告。这类项目通常所需资金不多且不急切，采用后补助方式基本可以满足需求。且从有利于形成高质量研究报告的角度，同一个课题可以由多个负责人研究，最后选择最优的研究报告。如果每个报告都有可取之处，则分等级资助。因此，可考虑借鉴苏州的做法，在原有的前期一次性拨款基础上引入后补助方式，具体资助方式根据项目难易程度和项目申请人意愿确定。同时，也可考虑深圳的做法，市科技局根据实际需求不定期编制和发布课题指南，采取邀标研究、成果购买等形式支持软科学研究和成果应用。

（6）完善科技贷款贴息政策

一是增加发放科技贷款的合作银行，银行类型应覆盖国有银行、区域性银行和地方性银行，方便企业选择。二是放宽企业获得科技贷款贴息的条件。只要企业有实质性科技贷款，无论其是否为高新技术企业，均应有获得科技贷款贴息的资格。三是设置贴息资金的支持重点，包括支持的重点产业和重点企业类型，且最好3年内保持稳定，引导企业调整结构、向高质量发展。四是借鉴苏州的做法，贴息资金采用总额控制和后补助方式。单一企业年度贴息比例最高不超过实际付息的50%，且最高贴息资助额不超过30万元，每一项目连续贷款两年及以上的累计贴息资助额不超过50万元。其计算公式如下：

$$单个企业贴息资金 = \frac{单个企业实际付息 \times 综合权重 \times 年度贴息预算}{\sum_{1}^{n}(单个企业实际付息 \times 综合权重)}$$

贷款贴息综合权重根据企业规模、产品技术水平、团队研发能力、支持重点等因素分等级确定。企业就同一项目贷款利息已获得各级政府财政资金补贴的，按照就高原则补足差额。

（7）引导金融机构增加科技金融产品供给

一是构建"一行一策"科技信贷风险补偿体系，对银行、小额贷款公司等金融机构为科技型企业放贷产生的损失给予风险补偿，推动其扩大科技贷款规模、增加科技贷款种类。二是实施科技保险保单赔付风险补偿和科技保险费补贴，对通过保险公司购买科技保险险种的科技型企业给予保费补助，推动保险机构为科技型企业开发知识产权保险、产品责任险、产品质量险、关键研发设备险、成果转化险和小额贷款保证保险等创新保险产品。三是建立科技型企业融资担保机制，通过信用保证基金为科技型企业贷款提供担保、增加企业资信，信用保证基金与银行、担保公司（保险公司）共担风险。四是开展科技融资租赁风险补偿，对合作融资租赁公司为科技型企业提供的用于科技研发和创新创业的设备、器材、资金等所发生的损失进行补偿。五是设立政策性创业投资机构参股初创期和早期的科技型企业，或设立创业风险投资基金引导社会资本流向战略性新兴产业中的初创期、早中期创新型企业。六是加强企业融资服务，支持科技型企业发行私募债券、企业债、集合票据等，鼓励有实力的科技型企业进入科创板、新三板等资本市场融资。七是促进科技金融产品融合，探索试点"投保贷"联动。通过创业投资、融资担保、科技信贷、融资租赁与科技保险的结合，支持科技型企业发展，打造从企业初创期到IPO的完整融资服务链条。

8.2.4 改进财政科技资金资助方法，提高财政科技资金的科学性

（1）合理设置资助条款，提高资助方式的适用性

以科技创新券为例。创新券的支持对象为没有能力自主研发的中小微企业，主要用于支持企业与外部的合作研发、委托研发或购买创新成果。因此，对于科技创新券应做出以下规定。

一是规定对已获得其他财政资金支持的项目，科技创新券不重复支持。二是规定年营业收入1亿元以上的企业不得申请科技创新券，鼓励其申报其他科技项目。三是对不同类型的申请者直接规定不同的申领额度，如中型企业20万元、小型企业15万元、微型企业10万元、创客个人5万元；或根据实际费用支出采用超额累退比例法核定申领额度，对超过一定规模以上的部分不再予以创新券补贴。四是将每位申领者的成功兑现次数和金额进行系统记录，作为下一次申请科技创新券及提高申领额度的依据。五是允许申领者根据实际需求和上次实际兑现金额申请高一级的科技创新券。六是规定同一申领者最多可申请5次科技创新券，鼓励其积极申

报其他项目。通过这样的条款设置，在科技创新券普惠性的基础上增强其科学性和针对性，以调动创新主体的积极性和创造性，推动其进行高质量创新。同时，科技创新券的认证方式应改为网络认证，无须再提交纸质材料。

（2）改革资助金额计算和分配方式，增强科学性

采用前补助支持方式的项目资金，以公开竞争方式分配为主、择优委托方式分配为辅；采用后补助支持方式的项目资金，除公开竞争方式分配外，增加因素法分配方式。因素法分配中各类资金的因素指标需要事先确定，举例如下。

①企业研发后补助中的因素法分配。可以上年度工业企业研发投入（研发经费支出）占主营业务收入比重前300名的企业名单作为因素实行分档计分。分档计分标准为：研发投入占主营业务收入比重前50名（第一档），各6分，计300分；第51～150名（第二档），各3分，计300分；第151～300名（第三档），各2分，计300分；合计900分，每分值补助额为0.5万元，市县补助额计算公式如下：某市县补助额=∑（该市县分档获奖企业数量×标准分值）×0.5万元。

②生物医药类企业绩效后补助中的因素法分配。借鉴苏州的做法，在确定补助对象和最高补助额度的基础上，引入第三方评估机制。第三方评估专家根据药物和医疗器械的科技创新、研发成本、应用前景和重要性，将补助额度分为6个档次。第一档为最高额度的100%，第二档为最高额度的80%，第三档为最高额度的60%，第四档为最高额度的40%，第五档为最高额度的20%，第六档为不予补助。在第三方评估机构确定补助档次的基础上，按以下算法计算每个证件应获得的补助资金。

$$Y_i = X_i (A/\sum X_i)$$

其中，A是所有补助资金；X_i是经第三方评估后确定的序列号为i的证书的理论补助资金；Y_i是序列号为i的证书的实际补助资金。

（3）缩短资金拨付时间，降低资金投入的不确定性

财政科技资金拨付涉及多个部门、多个环节，需要完善相关制度、提高部门间的合作效率。要缩短资金拨付时间，目前可考虑从以下两个方面进行改进。

一是市财政科技计划项目目录最好于年初在市科技局网站公布，并以科技导报的形式提前发给企业。通知中明确项目组织申报要求、各项目的时间节点、申报程序和具体负责部门、联系方式，让广大申报主体或创新主体做到心中有数、早做准备。项目立项结果公示结束之日起尽量1个月内与项目承担单位签订合同。

二是市财政局尽量自项目合同签订之日起30日内，会同市科技局将专项资金及时拨付到项目（牵头）承担单位。对实行因素法分配的企业研发后补助资金，市县财政部门会同有关部门制定资金筹措和奖补办法，可以只对前300名企业给予奖补，也可以根据情况增加奖补企业名单。

8.2.5　建立健全财政科技资金绩效评价制度，提高绩效评价的专业性

市科技局会同市财政局建立健全市级财政科技资金绩效评价制度，将绩效评价常态化。绩效评价制度应包含4个方面：一是评价主体；二是评价对象；三是评价内容；四是评价方法。

市科技局作为评价主体，对财政科技资金的使用效果进行自评价。评价对象是上年或近3年获得市财政科技资助的项目，在精力有限的情况下可只针对重点领域或重点项目进行绩效评价。评价内容主要关注项目的投入、产出和效益。评价方法采用两种：一种是市内评价，即对本市受财政科技资助的项目进行绩效评价；另一种是同行比较，即对省内13个兄弟市同类型财政科技项目的绩效进行评价。通过市内评价，了解各项目财政科技资金的运用情况；通过同行比较，了解淮安市财政科技资金的使用效率。市内评价采用的指标体系见附表6至附表11，同行评价采用的指标体系见附表5。

市财政局作为评价主体，对财政科技资金从项目设立、项目管理到项

目绩效进行全过程评价。评价对象是当年或近3年的财政科技专项资金项目。评价内容涵盖项目设立（项目目标、决策过程、资金分配）、项目管理（资金到位、资金管理、组织实施）、项目绩效（项目产出、项目效益）3个方面，重点关注项目预算的科学性、项目实施的合规性、项目执行的有效性。评价方法主要采用综合评分法，通过设置一定的指标和权重对上年或近3年财政科技资金的绩效进行全面评价。综合评价采用的指标体系见附表10。

绩效评价指标的选择根据项目特点而定。对于计划类项目，通过项目实施获得的管理资质、达到的技术标准、实现的研究成果、产生的经济效益是项目的直接绩效；对于平台类项目，项目实施体现的平台能力和成果转化能力是直接绩效。通过项目的成功实施，为社会提供更多共享资源，带来社会与生态无形的效益，是项目的间接绩效。

8.2.6 完善财政科技资金管理办法，提高财政科技资金的灵活性

一是优化项目预算编制体系。借鉴深圳的做法，将材料费、测试化验加工费、燃料动力费、出版/文献/信息传播/知识产权事务费合并为科研材料及事务费，将人员费、劳务费、专家咨询费合并为人力资源费。对于市财政资助100万元以下的财政科技项目，项目预算只要求编列一级预算编制科目。

二是建立项目资金可追溯制度。鼓励项目承担单位先行投入项目研发，可追溯确认前期预研和筹备的经费投入，作为项目单位自筹部分确定项目预算，追溯期从项目申报之日起最长不超过6个月。

三是允许有条件列支人员工资。财政性资金占单位总收入低于50%的项目承担单位，其自有资金超过项目总预算50%的项目，可以参照市统计部门公布的同类人员工资水平列支人员费，调动科研人员的积极性。

四是合理确定设备费。针对科研仪器设备重复购置问题，明确已有设备可按现值和在项目中的使用率计入自筹经费。同一项目设备可以用于不同科技专项，但不能重复计入不同项目经费。租赁外单位仪器设备费用纳入设备费。

9 结 语

科技创新是创新驱动发展的关键和核心，但科技创新活动并不是孤立的，而是一项系统工程。既需要有效的科技扶持政策，又需要有力的科技金融支撑；既需要建立吸引人才、留住人才的机制，又需要健全而宽松的环境。政府在创新驱动发展中的重点就是要为科技创新活动提供高效的服务，通过搭建公共服务平台、保护知识产权、给予必要的财政资金资助等，把科技型中小企业"扶上马""送一程"，通过"政府之手"来实现创新创业的倍增效应。

目前，世界各国在财政资金的投入方式上已经越来越趋向于采用间接和隐蔽的补贴方式。一方面，以市场化手段支持企业，探索政府引导基金、股权投资、共有知识产权等市场化支持方式；另一方面，通过间接补贴的方式为企业提供服务，如通过支持产学研联盟、共性技术平台等，达到对企业的间接补贴作用。淮安在财政科技政策的制定和执行，以及财政科技资金的资助金额和方式上，虽可借鉴其他国家和地区的经验，以间接补贴和后补助为主，但也需要更多关注企业的实际需求，协助企业发现新的创新需求、拓展新的融资渠道。同时，财政科技资金的投入规模、投资方向和绩效评价方法（导向）等，既要符合科技创新和经济发展现阶段的特征，又要适度超前，能对科技创新驱动经济发展起到引导和推动作用。

淮安刚进入创新驱动转换阶段，要实现聚力产业科技创新建设国家创新型城市的目标，需以创新创业协同发展为创新驱动发展模式，对财政科技专项资金从整体上进行规划、从细节上进行改革，逐步消除其中阻碍科技创新的因素，不断提高财政科技专项资金的使用效率。

参考文献

[1] 代明. 自主创新城市的四大功能标志[J]. 特区经济, 2005（12）：12-13.

[2] 冯昊. 产业创新体系及其政策工具有效供给关系的研究[D]. 北京：中国人民解放军军事医学科学院, 2017.

[3] 高鑫. 财税政策对企业技术创新的作用研究[D]. 西安：陕西师范大学, 2015.

[4] 辜胜阻, 杨嵋, 庄芹芹. 创新驱动发展战略中建设创新型城市的战略思考：基于深圳创新发展模式的经验启示[J]. 中国科技论坛, 2016（9）：31-37.

[5] 郭铁成. 创新驱动发展模式的关键支撑要素：学习习近平总书记关于创新发展的重要论述[J]. 人民论坛·学术前沿, 2016（6）：76-87.

[6] 谷俊涛. 财政科技专项资金绩效评价指标体系探索[J]. 学术交流, 2011（7）：112-114.

[7] 关成华, 赵峥, 等. 中国城市科技创新发展报告2018[M]. 北京：科学出版社, 2019.

[8] 刘冰川. 财政专项研发资金绩效评价研究[D]. 南京：南京财经大学, 2018.

[9] 江苏省宿迁市财政局课题组, 王冬梅. 财政投入科技专项经费绩效预算改进研究[J]. 财政科学, 2017（4）：142-149.

[10] 深圳市创新驱动发展研究课题组. 深圳市创新驱动发展模式、路径及对策研究[R]. 2013.

[11] 深圳市科技服务业协会. 深圳市科技服务体系建设战略研究报告[R]. 2013.

[12] 深圳中投风险投资研究发展有限公司. 深圳科技金融模式创新研究[R]. 2015.

[13] 深圳市华鼎科技发展战略研究院. 深圳市科技创新发展报告（2016）[R]. 2017.

[14] 田鸣, 张阳, 唐震. 典型国家创新创业发展模式研究及启示[J]. 科学学与科学技术管理, 2016, 37（4）：3-16.

[15] 王娟娟. 农业科技财政专项资金绩效评价研究：以湖北省为例[J]. 农业经济问题, 2014, 35（12）：96-100.

[16] 王瑞军, 李建平, 李闽榕. 中国城市创新竞争力发展报告（2018）[M]. 北京：社会科学文献出版社, 2018.

[17] 仵凤清, 唐朝生. 财政科技资金绩效评价模型的构建及实证研究 [J]. 中国科技论坛, 2009 (11): 8-12.

[18] 吴建南, 刘遥. 区域创新驱动发展战略如何实施?——关于"三力一效"模式的实证研究 [J]. 科学学研究, 2019, 37 (1): 130-139.

[19] 伍文浩. 创新驱动发展阶段划分界定的实证分析及对广东的启示 [J]. 科技创新发展战略研究, 2017, 1 (1): 36-43.

[20] 杨淼. 基于景气状态的科技创新驱动经济增长测度方法研究 [D]. 北京: 北京科技大学, 2018.

[21] 杨武, 杨淼, 雷家骕. 基于景气状态测度的国家科技创新驱动经济增长比较研究——以中美日法德为例 [J]. 经济学家, 2018 (8): 50-59.

[22] 杨朝容. 财政资金科技项目绩效评价个性指标体系探索与研究 [J]. 中国管理信息化, 2017, 20 (2): 80-82.

[23] 由雷, 李修全. "数字经济"背景下的地区创新驱动发展模式研究——以北京市为例 [J]. 中国经贸导刊 (理论版), 2018 (8): 36-39.

[24] 张洁. 区域特质、创新模式与提升路径——以河北省科技创新为例 [J]. 中国科技论坛, 2012 (12): 82-85, 90.

[25] 张明玖. 财政激励、金融支持与工业企业创新成果转化研究 [J]. 西南大学学报 (社会科学版), 2017, 43 (1): 54-60, 190.

[26] 郑春美, 李佩. 政府补助与税收优惠对企业创新绩效的影响: 基于创业板高新技术企业的实证研究 [J]. 科技进步与对策, 2015 (16): 83-87.

附录 A

附表 1　2018 年城市科技创新发展指数排名

城市	科技创新发展 指数	排名	创新资源 指数	排名	创新环境 指数	排名	创新服务 指数	排名	创新绩效 指数	排名	2017 年排名
深圳	0.549	2	0.081	20	0.156	2	0.052	7	0.261	2	2
青岛	0.342	16	0.062	34	0.089	63	0.039	13	0.152	15	20
南京	0.466	5	0.123	3	0.089	62	0.081	4	0.174	7	9
苏州	0.427	7	0.067	29	0.099	22	0.073	5	0.188	5	10
无锡	0.346	15	0.060	38	0.087	67	0.031	27	0.168	9	27
常州	0.325	22	0.066	30	0.079	112	0.031	28	0.149	18	32
镇江	0.307	31	0.058	40	0.084	87	0.023	67	0.143	23	44
扬州	0.266	52	0.044	63	0.074	157	0.023	72	0.126	42	56
南通	0.281	46	0.044	64	0.073	167	0.037	15	0.127	40	62
泰州	0.260	55	0.037	79	0.076	138	0.022	80	0.125	43	99
徐州	0.231	90	0.037	85	0.062	253	0.029	36	0.104	69	127
淮安	**0.201**	**182**	**0.031**	**109**	**0.063**	**242**	**0.004**	**285**	**0.102**	**77**	**149**
盐城	0.244	65	0.037	82	0.069	201	0.032	25	0.106	63	193
宿迁	0.198	199	0.022	175	0.058	264	0.025	48	0.093	133	195
连云港	0.206	153	0.037	84	0.058	266	0.016	159	0.095	115	206
全国平均值	0.230		0.030		0.077		0.020		0.100		

数据来源：①关成华，赵峥，等. 中国城市科技创新发展报告 2017 [M]. 北京：科学出版社，2017. ②关成华，赵峥，等. 中国城市科技创新发展报告 2018 [M]. 北京：科学出版社，2019.

附录 A

附表 2　深圳市科技计划项目类别及资助方式

业务中类	业务小类	资助方式
知识创新计划	基础研究	事前无偿资助。面上项目不超过 60 万元，重点项目不超过 300 万元
	软科学研究	梯次资助，每项最高资助 100 万元
技术创新计划	技术攻关	"事前立项、事前资助"和"事前立项、事后补助"二选一
	科技重大专项	事前或事后资助，最高不超过 3000 万元
	创业资助	
	企业研究开发资助	事后资助，不超过研发实际支出的 10%，最高资助不超过 1000 万元
	国家高新技术企业培育计划	
协同创新计划	深圳市海外创新中心认定和评价	不超过经审计的前期开支的 40%、最高 200 万元的事后资助。综合评价"合格"及以上等次的企业，按评价结果给予不超过经审计的上年度运营开支的 40%、最高 300 万元的事后资助；综合评价达到"合格"及以上，且影响力评价达到"优秀"的，再给予 100 万元奖励。资助和奖励总额最高不超过 2000 万元
	深港创新圈	A 类、B 类、D 类项目最高资助额度为单项 300 万元；申请单位为企业的，资助金额不超过项目总预算的 50%
	国际科技合作	政府间合作项目和自主合作项目：每个项目资助比例不超过中方研发投入资金的 50%，最高资助 200 万元； 活动交流项目和人员交流项目：每个项目资助比例不超过活动实际发生合理费用的 50%，最高资助 100 万元
创新环境建设计划	重点实验室组建项目	事前建设经费资助＋事后奖励性补助
	工程中心	

续表

业务中类	业务小类	资助方式
创新环境建设计划	重点企业研究院	事后资助。按依托企业上一年度符合加计扣除政策实际发生的自筹研发费用30%予以支持，最高不超过1000万元。复核评估结果"合格"，予以300万元研发资助；复核评估结果"优秀"，予以500万元研发资助
	公共技术服务平台	
	银政企合作（贴息）	每个项目最高贴息额一般不超过100万元，贴息期限最长不超过3年。每个企业享受贴息期限最长不超过5年。贴息总额不超过企业贷款利息总额
	银政企合作（入库）	
	科技保险	最高为企业实际保费支出的50%（产品升级类保险最高80%），每家企业每年资助总额最高50万元
	科技金融服务体系建设	单个项目最高资助100万元，项目单位为企业的，资助比例最高为合理费用的50%
	天使投资引导	对被投资企业按其获得实际现金投资额的2%，最高50万元予以一次性资助
	股权投资	
	委托无息借款	单个企业贷款余额最高1000万元
科技应用示范计划	科技应用示范项目	
创客专项项目	创新券服务机构入库	
	创新券申请	中型企业、小型企业、微型企业、创客个人每年申领额度上限分别为20万元、10万元、5万元、2万元。对已获得市级财政资金的项目，科技创新券不重复支持
	创新券兑现	兑现金额不高于单项服务合同金额的50%
	创客空间	事后资助，最高不超过200万元，再根据考评结果给予奖励性补助
	创客服务平台	
	创客交流活动	事后资助，不超过活动组织经费支出的50%，最高不超过300万元

附录 A

续表

业务中类	业务小类	资助方式
创客专项项目	个人创客	
	创客创业资助	
	科技孵化器建设	事后资助，最高不超过 300 万元，再根据考评结果给予奖励性补助
可持续发展科技专项		事前资助。单个项目最高不超过 500 万元，同时不高于项目总预算 50%
技术转移和成果转化项目	技术合同资助项目	按不超过申请单位的上一年度技术交易收入应纳增值税额 80% 给予资助，且资助金额不超过其上一年度实际缴纳增值税额，当年最高资助额不超过 200 万元
	高等院校技术转移服务机构培育资助	按服务机构所属的高等院校上一年度投入其技术转移经费给予等额资助，当年最高资助额不超过 100 万元，可连续申请 3 年
	促成技术交易服务资助	按照不超过服务机构上一年度的实际技术转移服务收入给予等额资助，当年最高资助额不超过 50 万元
高等院校稳定支持计划		无偿资助，单个项目资助强度不超过 300 万元

附表3　南京市科技计划项目类别及资助方式

类别	资助方式
高端外国专家引进计划（2019年）	根据单位实际支出，对外国专家在宁生活费、工薪、国际旅费等进行资助。 市级引智项目：上限30万元；引智成果示范推广项目：上限40万元
支持研发机构开放创新计划（2018年）	在南京设立的高端研发机构：市区两级财政共同给予最高不超过3000万元支持； 南京企业在海外设立的研发机构：市区两级财政共同给予最高不超过500万元支持
自主知识产权开发计划（2018年）	重大专利二次开发专项："无偿资助＋银行贷款"，无偿资助支持强度不高于100万元/项，银行贷款按照知识产权质押贷款（基准利率）方式，支持强度原则不低于1：5； 企业专利导航专项：无偿资助，支持强度20万元/项
自主知识产权开发计划（2017年）	重大专利技术二次开发专项、专利技术产业化专项、企业知识产权战略推进专项
国际科技合作项目（2018年）	国际产业技术研发合作、国际技术转移机构奖补
科技发展计划（医疗卫生领域）（入库）项目：医疗卫生专项、（国际联合研发专项）（2016—2018年）	资金来源：南京市应用技术研发与成果转化专项资金。 资助方式：2016年一般项目10万~50万元、特殊项目10万元以下；2017—2018年定额资助，一般项目每个资助10万元，特殊项目每个资助5万元
现代农业和社会事业科技发展计划（入库）项目（2017—2018年）	定额资助，重点项目每个资助50万元，一般项目每个资助20万元
新型研发机构奖励（2017—2018年）	专家审核通过且经公示无异议的，依据其上年度来自南京企业的科技服务收入给予一定比例的奖励
软科学研究计划（2017—2018年）	2018年重点项目经费总量100万元，项数不超过10项；一般项目经费总量100万元，项数为30项左右，单项资助经费2万~5万元，且需适当匹配自筹经费。 2017年重点项目经费总量90万元，项数9项，单项资助经费10万元；一般项目经费总量110万元，项数不超过30项，单项资助经费2万~5万元，且需适当匹配自筹经费

附录A

续表

类别	资助方式
高端研发机构集聚计划（2017年）	对知名外资企业在宁设立的研发机构、世界500强及中国100强企业在宁设立的独立研发机构，以及南京企业在海外设立的研发机构给予奖补。外资研发机构：一次性给予最高不超过200万元支持；世界500强及中国100强企业的独立研发机构：一次性给予最高不超过500万元支持；南京企业在海外设立的研发机构：给予最高不超过200万元支持
新型研发机构建设计划项目（2017年）	择优分期分档支持
校企合作后补助项目（2017年）	分批分档给予经费补助
科普项目（2017年）	项目申请支持经费均不超过实际发生费用的50%。2018年科普经费主要支持列入2018年科普入库项目，未列入的项目不再给予支持
科技服务骨干机构能力提升计划（2017年）	择优给予20万～30万元一次性补助
科技成果转化专项计划项目（2017年）	项目经费资助采取无偿拨款方式，主要用于项目中试或产业化过程中研发投入的补助
科技创新券计划（2016年）	企业兑现创新券时，科技创新实际支出额不低于创新券面额的4倍

附表4 南京市科技奖补资金类别及资助方式

类别		资助方式
技术转移奖补资金	技术转移机构奖补	按年度技术合同实际成交额最高2%给予奖励,每个机构单一年度奖励金额累计最高50万元
	技术吸纳方奖补	按技术合同实际成交额最高5%给予技术吸纳方奖励,每家企业单一年度奖励金额累计最高100万元
	技术经纪人奖补	按技术合同实际成交额最高1%给予奖励,每人单一年度奖励金额累计最高20万元,国家另有规定的除外
	江苏省技术交易市场在宁分中心奖补	获得省技术交易市场正式批复后,市财政一次性给予在宁分中心最高100万元奖励
企业研究开发费用补助		事后奖励。奖励标准为2017年企业研究开发费用的10%,单个企业年度奖励总额不超过100万元。补助经费市区按1∶1的比例分担

附录 A

附表 5　淮安市财政科技资金绩效评价指标体系（科技局）

内容	指标	分值	备注
投入 10%	专款专用率	2	
	补贴标准执行度	2	
	项目监督制度健全性	2	
	责任惩戒机制健全性	2	
	预算执行率	2	
产出 42%	新立项项目数	2	
	立项项目验收合格率	4	滞后指标
	应结题计划项目按时结题率	4	滞后指标
	大仪网入网仪器数	3	
	科技贷款贴息受惠企业数	4	
	举办产学研科技对接会	3	
	科技创新券兑现率	4	滞后指标
	新建科技创新团队数	4	滞后指标
	新增科研论著数	4	滞后指标
	新增创新产品数	4	滞后指标
	新增技术标准	4	滞后指标
	完成科技报告	2	滞后指标
结果 48%	建设市级以上研发机构	3	
	技术交易合同金额	5	滞后指标
	科技服务业营业收入	5	滞后指标
	新增高新技术企业数	5	
	新增高新技术产业产值	5	滞后指标
	带动社会资金	5	
	享受资助单位满意度	5	滞后指标
	研究开发费加计扣除企业数	5	滞后指标
	R&D 投入占 GDP 比重	5	滞后指标
	全市发明专利授权量	5	滞后指标
	合计	100	

附表 6　淮安市科技计划项目资金绩效评价指标体系

内容	指标	指标说明	备注
投入	科技计划项目资金投入额		
	科技计划项目资金投入率	科技计划项目资金投入额 / 财政科技资金投入总额	
产出	新立项项目数	当年新立项科技计划项目数	
	立项项目验收合格率	验收合格科技计划项目数 / 申请验收科技计划项目总数	滞后指标
	应结题科技计划项目按时结题率	按时结题科技计划项目数 / 应结题科技计划项目总数	滞后指标
	新增科研论著数	公开发表（出版）科研论著数	滞后指标
	创新产品数量	新产品（新工艺、新技术、新模式）数量	滞后指标
	新建创新平台数量	当年新建创新平台数量	
	新建创新团队数量	当年新建创新团队数量	
	大仪网入网仪器数	大仪网当年新入网仪器数	
	完成科技报告	完成科技报告数	滞后指标
	新增发明专利申请量	新增发明专利申请量	滞后指标
	新增实用新型专利申请量	新增实用新型专利申请量	滞后指标
	新增技术标准	新增国家（行业）标准	滞后指标
结果	项目承担单位满意度		滞后指标
	新增发明专利授权量	当年新增发明专利授权量	滞后指标
	新增实用新型专利授权量	当年新增实用新型专利授权量	滞后指标

附录 A

附表 7 淮安市自然科学研究计划和重点研发计划绩效评价指标体系

内容	指标	指标说明	备注
投入	自然科学研究及重点研发计划资金投入额		
	自然科学研究及重点研发计划资金投入率	自然科学研究及重点研发计划资金投入额/财政科技资金投入总额	
产出	自然科学研究计划新立项项目数	当年新立项自然科学研究计划项目数	
	重点研发计划新立项项目数	当年新立项重点研发计划项目数	
	立项项目验收合格率	验收合格项目数/申请验收项目总数	滞后指标
	应结题项目按时结题率	按时结题项目数/应结题项目总数	滞后指标
	新增科研论著数	公开发表（出版）科研论著数	滞后指标
	创新产品数量	新产品（新工艺、新技术、新模式）数量	滞后指标
	新增发明专利申请量	新增发明专利申请量	滞后指标
	新增实用新型专利申请量	新增实用新型专利申请量	滞后指标
	新增技术标准	新增国家（行业）标准	滞后指标
结果	项目承担单位满意度		滞后指标
	新增发明专利授权量	新增发明专利授权量	滞后指标
	新增实用新型专利授权量	新增实用新型专利授权量	滞后指标

附表 8 淮安市科技成果转化计划绩效评价指标体系

内容	指标	指标说明	备注
投入	科技成果转化计划资金投入额		
	科技成果转化计划资金投入率	科技成果转化计划资金投入额/财政科技资金投入总额	
产出	新立项项目数	当年新立项科技成果转化计划项目数	
	立项项目验收合格率	验收合格项目数/申请验收项目总数	滞后指标
	应结题项目按时结题率	按时结题项目数/应结题项目总数	滞后指标
结果	项目承担单位满意度		滞后指标
	科技成果转化率		滞后指标
	技术合同交易额		滞后指标

附录 A

附表 9 淮安市创新与服务能力建设计划绩效评价指标体系

内容	指标	指标说明	备注
投入	创新与服务能力建设计划资金投入额		
	创新与服务能力建设计划资金投入率	创新与服务能力建设计划资金投入/财政科技资金投入总额	
产出	新立项项目数	当年新立项创新与服务能力建设计划项目数	
	立项项目验收合格率	验收合格项目数/申请验收项目总数	滞后指标
	应结题项目按时结题率	按时结题项目数/应结题项目总数	滞后指标
	新增创新平台数	当年新建创新平台数量	
	新增创新团队数	当年新建创新团队数量	
	新增公共科技服务平台数	当年新建公共科技服务平台数量	
	新增大仪网入网仪器数	大仪网新入网仪器数	滞后指标
结果	项目承担单位满意度		滞后指标
	新增科研论著数	公开发表（出版）科研论著数	滞后指标
	新增发明专利授权量	新增发明专利申请量	滞后指标
	新增实用新型专利授权量	新增实用新型专利申请量	滞后指标
	新增技术标准	新增国家（行业）标准	滞后指标

附表 10 淮安市创新绩效奖补资金绩效评价指标体系

内容	指标	指标说明	备注
投入	创新绩效奖补资金投入额		
	创新绩效奖补资金投入率	创新绩效奖补资金投入额/财政科技资金投入总额	
产出	科技创新券兑现率	科技创新券兑现额/发券额	滞后指标
	高企培育成功率	新增高企数/获得高企培育专项资助企业数量	滞后指标
	创新服务平台受助数	当年获得科技资助创新服务平台数量	
	研究开发费加计扣除企业数	当年享受研发费用加计扣除企业数量	
结果	科技创新服务收入	创新服务平台开展科技服务的收入	滞后指标
	资助对象满意度		滞后指标

附录 A

附表 11 淮安市科技金融引导资金绩效评价指标体系

内容	指标	指标说明	备注
投入	科技金融引导资金投入额		
	科技金融引导资金投入率	科技金融引导资金投入额／财政科技资金投入总额	
产出	科技贷款贴息受惠企业数	享受科技贷款贴息企业数量	
	科技贷款平均贴息比例	贴息额／科技贷款利息总额	
结果	社会资金带动系数	社会资金投入额／科技金融引导资金投入额	滞后指标
	受惠企业满意度		

附录 B

淮安市财政科技扶持方式及其绩效调查问卷 [科研人员]

尊敬的先生 / 女士：

您好！为了了解淮安市财政科技资金扶持方式及其绩效情况，本课题组受淮安市科技局委托，特开展此次问卷调查，希望得到您的积极配合和支持，谢谢！

此问卷的调查对象为企业的研发人员、高校及科研院所的科研人员，以及其他从事科技创新相关工作的人员。我们郑重承诺，对于您的个人资料我们将严格保密，且仅用于学术研究，绝对不会给您带来任何不良影响。

1. 您所在单位：[填空题] *

    _____

2. 单位所属行业：[填空题] *

    _____

3. 您所属的部门 / 院系：[填空题] *

    _____

4. 您的专业 / 研究领域：[填空题] *

    _____

附录 B

5. 您的职务/职称：[填空题]*

_____

6. 您的姓名和联系方式：[填空题]

_____

7. 您有没有获得过财政科技资金资助：[单选题]*

   ○ A. 有　　　　　　　　　　　　○ B. 没有（请跳至第12题）

8. 您获得财政科技资金资助的方式是：[多选题]*

  □ A1. 自然科学研究计划　　　　　□ A2. 重点研发计划

  □ A3. 科技成果转化计划　　　　　□ A4. 创新与服务能力建设计划

  □ A5. 软科学研究计划　　　　　　□ B1. 专利资助及奖补

  □ B2. 科技创新券　　　　　　　　□ B3. 高新技术企业认定（入库）奖补

  □ B4. 创新服务平台补助　　　　　□ C1. 科技贷款贴息

  □ C2. 天使投资　　　　　　　　　□ C3. 科技成果转化风险补偿

  □ D. 其他_____*

9. 您获得的财政科技资金的资助方法是：[多选题]*

  □ A1. 前期一次性无　　□ A2. 分年度拨款　　　□ A3. 后补助
      偿拨款

  □ B. 有偿拨款　　　　□ C. 以奖代补　　　　　□ D. 联合担保

  □ E. 股权投资与基金　□ F. 其他_____*

10. 请您对获得的财政科技资金的资助方式进行评价：[矩阵量表题] *

	非常满意	满意	比较满意	不满意	非常不满意	无此资助
A1. 自然科学研究计划	○	○	○	○	○	○
A2. 重点研发计划	○	○	○	○	○	○
A3. 科技成果转化计划	○	○	○	○	○	○
A4. 创新与服务能力建设计划	○	○	○	○	○	○
A5. 软科学研究计划	○	○	○	○	○	○
B1. 专利资助及奖补	○	○	○	○	○	○
B2. 科技创新券	○	○	○	○	○	○
B3. 高新技术企业认定（入库）奖补	○	○	○	○	○	○
B4. 创新服务平台补助	○	○	○	○	○	○
C1. 科技贷款贴息	○	○	○	○	○	○
C2. 天使投资	○	○	○	○	○	○
C3. 科技成果转化风险补偿	○	○	○	○	○	○
D. 其他	○	○	○	○	○	○

11. 请您对获得的财政科技资金的资助方法进行评价：[矩阵量表题] *

	非常满意	满意	比较满意	不满意	非常不满意	无此资助
A1. 前期一次性无偿拨款	○	○	○	○	○	○
A2. 分年度拨款	○	○	○	○	○	○

续表

	非常满意	满意	比较满意	不满意	非常不满意	无此资助
A3. 后补助	○	○	○	○	○	○
B. 有偿拨款	○	○	○	○	○	○
C. 以奖代补	○	○	○	○	○	○
D. 联合担保	○	○	○	○	○	○
E. 股权投资与基金	○	○	○	○	○	○
F. 其他	○	○	○	○	○	○

12. 您最需要的财政科技资金资助方式是：[填空题] *

_____

13. 您最需要的财政科技资金资助方法是：[填空题] *

_____

14. 您将财政科技资金主要用于：[多选题] *

☐ A. 产品研发　　　☐ B. 产品中试　　　☐ C. 产品产业化

☐ D. 创新团队建设　☐ E. 创新平台建设　☐ F. 科技人才培养

☐ G. 研发机构引进　☐ H. 科技服务提升　☐ I. 其他_____*

15. 您获得财政科技资金资助后，以下指标有何变化：[矩阵量表题] *

	明显增加	略有增加	不变	有所减少	明显减少	不适用此项指标
发明专利申请、授权数量	○	○	○	○	○	○
实用新型专利申请、授权数量	○	○	○	○	○	○
科技论文及专著数量	○	○	○	○	○	○

续表

	明显增加	略有增加	不变	有所减少	明显减少	不适用此项指标
作者同省异单位科技论文数	○	○	○	○	○	○
作者异省合作科技论文数	○	○	○	○	○	○
软件著作权数量	○	○	○	○	○	○
科技成果获奖数量	○	○	○	○	○	○
开发新产品（新工艺、新技术、新模式、新装置）数量	○	○	○	○	○	○
新产品开发成功率	○	○	○	○	○	○
平均研发周期	○	○	○	○	○	○
研发成本	○	○	○	○	○	○
新产品的盈利率	○	○	○	○	○	○
科技成果转化率	○	○	○	○	○	○
技术合同成交额	○	○	○	○	○	○
科技成果进入产业化阶段的数量	○	○	○	○	○	○
科技成果被企业接受和采用的比例	○	○	○	○	○	○
科技成果被政府部门采用的比例	○	○	○	○	○	○
培养专业技术人员数量	○	○	○	○	○	○
参与政产学研合作项目数量	○	○	○	○	○	○
对相关产业产生的引导和辐射作用	○	○	○	○	○	○

16. 您获得创新服务平台绩效补助后，以下指标有何变化：[矩阵量表题] *

	明显增加	略有增加	不变	有所减少	明显减少
服务项目数量	○	○	○	○	○
服务对象数量	○	○	○	○	○
服务效率	○	○	○	○	○
平台从业人员数	○	○	○	○	○

17. 您认为以下指标可以评价财政科技资金绩效吗？[矩阵量表题] *

	完全可以	可以	基本可以	不可以	完全不可以
专利申请或授权数	○	○	○	○	○
科技论文及专著的数量和质量	○	○	○	○	○
软件著作权数量	○	○	○	○	○
科技成果获奖数量	○	○	○	○	○
新产品/项目开发数量	○	○	○	○	○
新产品/项目开发成功率	○	○	○	○	○
新产品/项目的盈利率	○	○	○	○	○
新产品销售收入	○	○	○	○	○
新产品销售收入占总销售收入的比例	○	○	○	○	○
研发成本	○	○	○	○	○
平均研发周期	○	○	○	○	○
生产成本	○	○	○	○	○
技术合同成交额	○	○	○	○	○

续表

	完全可以	可以	基本可以	不可以	完全不可以
科技成果转化率	○	○	○	○	○
科技成果进入产业化阶段的比例	○	○	○	○	○
科技成果被政府部门采用的比例	○	○	○	○	○
科技成果被企业接受和采用的比例	○	○	○	○	○
科技成果应用带来的产值变动	○	○	○	○	○
培养专业技术人员数量	○	○	○	○	○

18. 您认为除了上述所列指标外，还有哪些指标能反映财政科技资金绩效？请将这些指标按重要性由高到低的顺序列出。[填空题] *

19. 请您评价以下因素对财政科技资金绩效的影响程度或重要性。[矩阵量表题] *

	很重要	重要	一般	不重要	很不重要
交流科技创新信息	○	○	○	○	○
分享科技创新成果	○	○	○	○	○
加强创新团队合作	○	○	○	○	○
提高创新资源获取效率	○	○	○	○	○
提高科技创新服务能力	○	○	○	○	○

附录B

续表

	很重要	重要	一般	不重要	很不重要
降低科技创新服务成本	○	○	○	○	○
增加资助方式的多样性	○	○	○	○	○
提高资助方法的灵活性	○	○	○	○	○
提高绩效考核指标的科学性	○	○	○	○	○

20. 您认为除了上述所列因素外，还有哪些因素可以影响财政科技资金绩效？请将这些因素按重要性由高到低的顺序列出。[填空题] *

附 录 C

淮安市企业科技创新调查问卷

尊敬的先生/女士：

您好！为详细了解淮安市企业科技创新需求及在科技创新中存在的问题，以更好地为企业科技创新服务，课题组受科技局委托特设计此调查问卷。请您于百忙之中认真填写此问卷。您的答案我们将严格保密，并仅用于学术研究。谢谢您的协助和支持！

1. 企业名称：[填空题] *

_____

2. 注册时间：[填空题] *

_____

3. 注册资本（万元）：[填空题] *

_____

4. 企业地址：[填空题] *

_____

5. 填写人姓名：[填空题] *

_____

6. 联系电话：[填空题] *

_____

7. 贵企业的职员人数：[单选题] *
○ A. 50 人以下　　　　○ B. 50 ~ 100 人　　　　○ C. 100 ~ 200 人

○ D. 200 ~ 500 人　　　○ E. 500 ~ 1000 人　　　○ F. 1000 人以上

8. 贵企业研发人员数占职员总人数的比例：[单选题] *
○ A. 5% 以下　　○ B. 5% ~ 10%　　○ C. 10% ~ 20%　　○ D. 20% ~ 30%

○ E. 30% ~ 40%　　○ F. 40% ~ 50%　　○ G. 50% 以上

9. 贵企业主要创始人身份属于：[多选题] *
□ A. 留学归国人员　　　□ B. 高校院所教师及　　　□ C. 大学生
　　　　　　　　　　　　　　科研人员

□ D. 连续创业者　　　　□ E. 大公司高管　　　　　□ F. 其他_____ *

10. 贵企业是否高新技术企业：[单选题] *
○ A. 是　　　　　　　　　　　　　○ B. 否

11. 贵企业所属产业领域：[多选题] *
□ A. 信息技术　　　　　□ B. 高端装备　　　　　　□ C. 医养健康

□ D. 新能源新材料　　　□ E. 绿色化工　　　　　　□ F. 节能环保

☐ G. 现代金融 ☐ H. 文化创意 ☐ I. 高效农业

☐ J. 其他_____*

12. 贵企业的主营业务及产品：[填空题] *
_____

13. 贵企业的年营业收入（万元）：[矩阵文本题] *

2015 年	_____
2016 年	_____
2017 年	_____
2018 年	_____

14. 贵企业产品在产业链中的位置：[多选题] *
☐ A. 上游　　☐ B. 中游　　☐ C. 下游　　☐ D. 其他__*

15. 贵企业的产值利税率（%）：[矩阵文本题] *

2015 年	_____
2016 年	_____
2017 年	_____
2018 年	_____

16. 贵企业已获得发明专利（件）：[矩阵文本题] *

2015 年	_____
2016 年	_____
2017 年	_____
2018 年	_____

17. 贵企业已获得实用新型专利（件）：[矩阵文本题] *

2015 年	_____
2016 年	_____
2017 年	_____
2018 年	_____

18. 贵企业已获得软件著作权（件）：[矩阵文本题] *

2015 年	_____
2016 年	_____
2017 年	_____
2018 年	_____

19. 贵企业已获得其他知识产权（件）：（请注明名称及数量）[填空题] *

_____

20. 贵企业已获得省部级（包括集团公司）以上技术创新奖励（项）：[矩阵文本题] *

2015 年	_____
2016 年	_____
2017 年	_____
2018 年	_____

21. 贵企业已获得省部级（包括集团公司）以上管理创新奖励（项）：[矩阵文本题] *

2015 年	_____
2016 年	_____
2017 年	_____
2018 年	_____

22. 贵企业已获得地市级技术创新成果（项）：[矩阵文本题] *

2015 年	_____
2016 年	_____
2017 年	_____
2018 年	_____

23. 贵企业已获得地市级管理创新成果（项）：[矩阵文本题] *

2015 年	_____
2016 年	_____
2017 年	_____
2018 年	_____

24. 贵企业的科技创新成果转化率为（%）：[矩阵文本题] *

2015 年	_____
2016 年	_____
2017 年	_____
2018 年	_____

25. 贵企业的技术合同成交额为（万元）：[矩阵文本题] *

2015 年	_____
2016 年	_____
2017 年	_____
2018 年	_____

26. 贵企业新产品数量占全部产品数量的比例为（%）：[矩阵文本题] *

2015 年	_____
2016 年	_____
2017 年	_____
2018 年	_____

27. 贵企业新产品销售收入占总销售收入的比例为（%）：[矩阵文本题]*

```
2015 年  _____
2016 年  _____
2017 年  _____
2018 年  _____
```

28. 贵企业科技创新侧重于哪些领域？[多选题]*

□ A. 信息领域　　　□ B. 技术领域　　　□ C. 经营领域

□ D. 管理领域　　　□ E. 其他____*

29. 贵企业主要采取哪种方式实施科技创新？[多选题]*

□ A. 自主开发　　　　　　　□ B. 引入新技术

□ C. 引入新工艺　　　　　　□ D. 引入新材料

□ E. 购买专利　　　　　　　□ F. 其他_____*

30. 贵企业科技创新是否借用外脑？[单选题]*

○ A. 是　　　　　　　　　　○ B. 否

31. 采用哪种方式？[多选题]*

□ A. 与科研院所联合　　　　□ B. 与制造厂家联合

□ C. 与高校联合　　　　　　□ D. 其他_____*

32. 贵企业有无科技创新战略：[单选题]*

○ A. 有　　　　　　　　　　○ B. 没有

33. 贵企业有无科技创新文化体系：[单选题]*

○ A. 有 ○ B. 没有

34. 贵企业有无科技创新团队：[单选题]*

○ A. 有 ○ B. 没有

35. 贵企业科技创新团队的人员构成及比例：[多选题]*

☐ 高级职称（占比）_____*

☐ 副高级职称（占比）_____*

☐ 中级职称（占比）_____*

☐ 中级以下职称（占比）_____*

36. 贵企业有无科技创新管理领导机构？[单选题]*

○ A. 没有   ○ B. 有统一的创新管理领导机构   ○ C. 根据职能不同放在不同部室管理

37. 贵企业的科技创新管理制度是否健全？[单选题]*

○ A. 健全   ○ B. 一般   ○ C. 缺乏

38. 贵企业有无科技创新成果评估体系？[单选题]*

○ A. 有 ○ B. 没有

39. 贵企业激励员工创新的举措有哪些？[多选题]*

☐ A. 发放奖金   ☐ B. 按创造的价值提成   ☐ C. 升职

☐ D. 荣誉   ☐ E. 其他_____*

40. 贵企业每年用于科技创新成果奖励的费用有多少？[单选题] *

○ A. 0
○ B. 0～10万元
○ C. 10万～20万元
○ D. 20万～30万元
○ E. 30万～40万元
○ F. 40万～50万元
○ G. 50万元以上

41. 贵企业每年的科技创新投入有多少？[单选题] *

○ A. 20万元以下
○ B. 20万～50万元
○ C. 50万～100万元
○ D. 100万～300万元
○ E. 300万～500万元
○ F. 500万～1000万元
○ G. 1000万元以上

42. 贵企业的科技创新投入主要用于：[多选题] *

☐ A. 产品研发
☐ B. 产品中试
☐ C. 产品产业化
☐ D. 创新团队建设
☐ E. 创新平台建设
☐ F. 科技人才培养
☐ G. 研发机构引进
☐ H. 科技服务提升
☐ I. 其他_____ *

43. 贵企业科技创新资金的来源及构成比例：[多选题] *

☐ A. 企业自筹（占比）____ *
☐ B. 银行贷款（占比）____ *
☐ C. 财政资金（占比）____ *
☐ D. 其他_____ *

44. 贵企业获得财政科技资金的资助方式是：[多选题] *

☐ A. 科技计划项目立项
☐ B. 创新绩效奖补
☐ C. 科技金融引导资金
☐ D. 其他_____ *

45. 贵企业获得财政科技计划项目立项支持的类别是：[多选题] *

☐ A. 自然科学研究计划
☐ B. 重点研发计划
☐ C. 科技成果转化计划

☐ D. 创新与服务能力 ☐ E. 软科学研究计划 ☐ F. 其他_____*
建设计划

46. 贵企业获得创新绩效奖补的类别是：[多选题] *
☐ A. 专利资助及奖补 ☐ B. 科技创新券 ☐ C. 高新技术企业认定（入库）奖补

☐ D. 科技政策奖补 ☐ E. 农村科技服务超市绩效奖补 ☐ F. 科技企业孵化器建设补助

☐ G. 众创空间建设补助 ☐ H. 其他_____*

47. 贵企业获得科技金融引导资金的类别是：[多选题] *
☐ A. 科技贷款贴息 ☐ B. 天使投资

☐ C. 科技成果转化风险补偿 ☐ D. 其他_____*

48. 贵企业对现行的财政科技资金的资助方式是否满意？[单选题] *
○ A. 非常满意

○ B. 满意

○ C. 一般_____*
请指出需改进之处

○ D. 不满意 _____*
请指出不满意之处及原因

○ E. 很不满意 _____*
请指出不满意之处及原因

49. 贵企业获得财政科技资金的资助方法是：[多选题] *
☐ A. 前期一次性无偿拨款 ☐ B. 分年度拨款 ☐ C. 后补助

☐ D. 有偿拨款 ☐ E. 以奖代补 ☐ F. 联合担保

☐ G. 股权投资与基金　　　☐ H. 其他_____*

50. 贵企业对现行的财政科技资金资助方法是否满意？ [单选题] *

○ A. 非常满意

○ B. 满意

○ C. 一般_____*
请指出需改进之处

○ D. 不满意_____*
请指出不满意之处及原因

○ E. 很不满意_____*
请指出不满意之处及原因

51. 对贵企业而言，财政科技资助最重要的作用是：[填空题] *

_____

52. 贵企业获得财政科技资助后，下列指标有何变化？ [矩阵量表题] *

	明显增加	有所增加	不变	有所减少	明显减少	不适用此指标
社会资金投入金额	○	○	○	○	○	○
研发人员数量	○	○	○	○	○	○
研发经费支出	○	○	○	○	○	○
平均研发周期	○	○	○	○	○	○
科技论文及专著数量	○	○	○	○	○	○
省级以上获奖成果数量	○	○	○	○	○	○
开发新产品数量	○	○	○	○	○	○
生产成本	○	○	○	○	○	○
研发成本	○	○	○	○	○	○

续表

	明显增加	有所增加	不变	有所减少	明显减少	不适用此指标
产品市场占有率	○	○	○	○	○	○
培养专业技术人员数量	○	○	○	○	○	○
培养创新团队数量	○	○	○	○	○	○
参与政产学研合作项目的数量	○	○	○	○	○	○
对相关产业产生的引导和辐射作用	○	○	○	○	○	○

53. 贵企业获得创新服务平台补助后，下列指标有何变化？[矩阵量表题]*

	明显增加	有所增加	不变	有所减少	明显减少	不适用此指标
孵化科技企业数量	○	○	○	○	○	○
培养创新团队数量	○	○	○	○	○	○
科技成果产出率	○	○	○	○	○	○
科技成果转化率	○	○	○	○	○	○
服务项目/内容数量	○	○	○	○	○	○
服务对象数量	○	○	○	○	○	○
服务效率	○	○	○	○	○	○
平台从业人员数	○	○	○	○	○	○

续表

	明显增加	有所增加	不变	有所减少	明显减少	不适用此指标
培养专业技术人员数	○	○	○	○	○	○
参与政产学研合作项目的数量	○	○	○	○	○	○

54. 贵企业科技创新的主要动力：[多选题]*

☐ A. 市场需求　　　　　　　☐ B. 政策激励

☐ C. 同行竞争　　　　　　　☐ D. 社会创新环境

☐ E. 企业自发的创新意识　　☐ F. 其他_____*

55. 对贵企业科技创新最具吸引力的政府政策：[多选题]*

☐ A. 减免税收政策　　　　　☐ B. 产业政策

☐ C. 财政拨款政策　　　　　☐ D. 科技人员奖励政策

☐ E. 知识产权政策　　　　　☐ F. 科技开发专项贷款政策

☐ G. 其他_____*

56. 贵企业制造技术的先进程度：[单选题]
○ A. 非常高　○ B. 较高　　○ C. 一般　　○ D. 较低　　○ E. 非常低

57. 贵企业技术成果（技术产品）的发展前景：[单选题]
○ A. 非常好　○ B. 较好　　○ C. 一般　　○ D. 较差　　○ E. 很差

58. 贵企业的对外技术合作？[单选题]
○ A. 非常充分　○ B. 比较充分　○ C. 一般　○ D. 不充分　○ E. 非常不充分

59. 贵企业的科技知识储备？[单选题]*
   ○ A. 非常丰富   ○ B. 比较丰富   ○ C. 一般   ○ D. 不丰富   ○ E. 非常不丰富

60. 近三年来，与竞争对手相比，贵企业的科技创新情况：[矩阵单选题]*

	非常同意	比较同意	同意	不同意	完全不同意
经常在现有技术基础上进行改进和提高	○	○	○	○	○
经常用新方法技术改善工艺和作业流程	○	○	○	○	○
经常进行新工艺技术的创新	○	○	○	○	○
在销售的产品功能上有提高	○	○	○	○	○
在产品研发上经常会引入不同于竞争对手的新思路	○	○	○	○	○
开发新产品（包括改进型产品）的速度较快	○	○	○	○	○
产品的工艺设计、改进比同行要快	○	○	○	○	○
新产品的开发数量和成功率较高	○	○	○	○	○
新产品盈利率较高	○	○	○	○	○

61. 未来三年，贵企业有无科技创新需求：[多选题]*
   □ A. 有产品创新需求   □ B. 有技术创新需求   □ C. 有管理创新需求
   □ D. 没有创新需求   □ E. 其他_____*

62. 未来三年，贵企业最需要的服务：[多选题]*
   □ A. 技术咨询与交流   □ B. 营销服务   □ C. 培训服务   □ D. 金融服务
   □ E. 研发服务   □ F. 生产服务   □ G. 人才引进   □ H. 技术转移

☐ I. 市场开拓　　☐ J. 其他____*

63. 贵企业科技创新成功的内在原因有哪些？[多选题]

　　☐ A. 具有创新精神的企业家　　　☐ B. 高素质技术人才

　　☐ C. 有效的内部激励约束机制　　☐ D. 丰富的资金支持

　　☐ E. 有效的技术战略或计划　　　☐ F. 健全的组织机构

　　☐ G. 鼓励创新的企业文化　　　　☐ H. 其他_____*

64. 制约贵企业科技创新的主要外部因素：[多选题]*

　　☐ A. 缺乏鼓励创新的社会氛围　　☐ B. 技术市场不健全

　　☐ C. 产学研合作难度较大　　　　☐ D. 知识产权保护不力

　　☐ E. 政府扶持力度不够　　　　　☐ F. 企业间竞争不充分

　　☐ G. 其他_____*

65. 制约贵企业科技创新的主要内部因素：[多选题]*

　　☐ A. 激励约束机制不完善　　　　☐ B. 缺乏科技人才队伍

　　☐ C. 创新组织机构不健全　　　　☐ D. 缺乏创新经验

　　☐ E. 产权结构不合理　　　　　　☐ F. 研发投入不够

　　☐ G. 急功近利、缺乏动力　　　　☐ H. 不了解科技创新和产业政策

　　☐ I. 资金和财务问题　　　　　　☐ J. 其他_____*

66. 当前贵企业科技创新面临的最大困难：[填空题]*

_____